Cure Seu Cérebro: Cure Seu Corpo
Mais Histórias da Galera Interna

Esly Regina Souza de Carvalho

TraumaClinic Edições

Cure Seu Cérebro:
Cure Seu Corpo

Mais Histórias da Galera Interna

Esly Regina Souza de Carvalho

TraumaClinic
Edições

Cure Seu Cérebro: Cure Seu Corpo
Mais Histórias da Galera Interna

Este livro faz parte da série:
Estratégias Clínicas na Psicoterapia: Volume 2

© Esly Regina Souza de Carvalho

ISBN-13: 978-1941727195
ISBN-10: 1941727190

Capa: Claudio Ferreira
Agradecimentos especiais a Zilda Costa de Souza, Silvia Guz e
Ronald Ozório

TraumaClinic Edições
SEPS 705/905 Ed. Santa Cruz sala 447
70.390-755 Brasília, DF Brasil
+ 55 (61) 3443 8447
WWW.traumaclinicedicoes.com.br
vendas@traumaclinicedicoes.com.br

Índice

Apresentação

Como tantas outras vezes, este livro nasceu também das experiências e aprendizagem com os meus pacientes. Quando eu era ainda recém-formada, atendi uma mocinha que tinha um problema congênito no coração. Era preciso uma cirurgia de coração aberto – com todos seus riscos - para fazer a correção. Eventualmente, Rosa Santa decidiu encarar a intervenção porque tinha esgotado as alternativas. Entendeu que operava ou arriscava cair morta em algum momento, tamanho era o risco. Fizemos um trabalho de preparação pré-cirúrgico, nos despedimos emocionadas, e Rosa Santa foi para o exterior onde se fazia este tipo de cirurgia.

Meses depois, ela me procurou. A cirurgia tinha sido um êxito total, mas agora Rosa Santa tinha medo de morrer! Justo agora quando ela não tinha mais *nenhum* risco físico...? Fiquei mistificada. Passamos vários meses trabalhando juntas, até que finalmente o medo se resolveu. Pouco a pouco eu entendi. O *corpo* de Rosa Santa passou a "acreditar" no risco real e iminente da morte *depois* que fora operada. Antes da cirurgia, era apenas seu cérebro lógico que percebia a importância da intervenção. Depois da cirurgia, seu corpo "entendeu" o que poderia ter lhe acontecido. Daí surgiu o medo de morrer. Seu corpo acreditou no que antes sua mente apenas pensava.

De lá para cá, passei a entender uma coisa simples, básica e óbvia: fomos criados de forma que as coisas do lado de dentro do corpo, devem ficar do lado dentro; e o que deve ficar do lado de fora, deve mesmo ficar do lado de fora. O corpo não foi feito para ser operado ou aberto. É preciso fazê-lo? Sim. Mas o corpo *não* gosta. Cirurgias, feridas, lesões têm consequências, muito maiores do que antes imaginadas.

A proposta deste livro é demonstrar como a terapia EMDR poder trazer alívio a questões relacionadas com problemas corporais, doenças, procedimentos médicos, cirurgias, diagnósticos de risco e a convivência com doenças crônicas. É minha esperança que essas sugestões em relação às estratégias clínicas possam trazer alivio às pessoas que sofrem.

Este livro foi escrito de forma que qualquer pessoa possa ler e entender as histórias aqui compartilhadas. Queremos que um público cada vez maior possa conhecer o poder de cura da terapia EMDR[1]. Os psicoterapeutas formados em terapia EMDR entenderão perfeitamente a estrutura das sessões e espero que possam aproveitar as ideias no atendimento dos seus próprios clientes. Os profissionais que ainda não conhecem a terapia de EMDR podem procurar os cursos de formação oferecidos nas principais cidades do Brasil.[2] Há também sessões verídicas de terapia EMDR no youtube[3] para quem quiser tomar maior conhecimento de como funciona uma sessão.

Nestes relatos especificamente demonstramos a aplicação da terapia EMDR para questões de doenças, intervenções médicas e a resolução de sintomas de aflições de origem traumática. Uma explicação profunda sobre as mais recentes pesquisas da neurobiologia que explicam o trauma como a raiz de enfermidades de origem desconhecida pode ser encontrada no livro do nosso ilustre colega, Dr. Uri Bergmann,[4] *A Neurobiologia*

---

[1] Veja www.emdrbrasil.com.br para maiores explicações sobre o que é a terapia EMDR e a lista, *Procure um Profissional,* para um psicoterapeuta EMDR que atenda no seu local. Há duas sessões de terapia EMDR com a autora no youtube (https://www.youtube.com/user/EMDRBRASIL) assim como uma palestra que explica por que se deve tratar trauma.

[2] Veja www.emdrtreinamento.com.br para maiores informações sobre os cursos de formação em terapia EMDR.

[3] Há duas sessões de terapia EMDR com a autora no youtube (https://www.youtube.com/user/EMDRBRASIL) assim como uma palestra que explica por que se deve tratar trauma.

[4] *A Neurobiologia do Processamento de Informação e Seus Transtornos,* Uri Bergmann, Ph.D., lançado e traduzido pela TraumaClinic Edições (vendas@traumaclinicedicoes.com.br), ou https:www.createspace.com/4803036.

do Processamento de Informação e Seus Transtornos. Há também um estudo com 17 mil participantes sobre como as experiências adversas na infância contribuem para o desenvolvimento de doenças graves na vida adulta que comentaremos mais adiante.

Os casos apresentados são verídicos, mas tomei o cuidado de omitir qualquer informação que identifique os pacientes. Todos os nomes e dados pessoais foram modificados para proteger a identidade dos que compartilham suas histórias. A maioria destes casos ocorreu em diferentes lugares. Como é de conhecimento de muitos, morei e trabalhei em quatro países e já tratei pacientes em vários outros. Sempre escolhi nomes diferentes para os casos, mas é impossível evitar nomes comuns. Em nenhum caso foi utilizado o nome real do paciente. Clientes meus (passado e presente) podem ter a certeza de que se encontrarem um caso com um nome parecido com o seu, este *não* corresponde à pessoa descrita no caso. Qualquer semelhança entre os nomes dos meus clientes e os citados nos casos relatados é mera coincidência. A exceção é o caso da Silvia que ofereceu seu depoimento e preferiu que se utilizassem seus dados reais.

Como muitos relatos aqui foram colhidos no momento da sessão, a linguagem original do paciente foi mantida, com todas as características da fala conversacional. Pedi à revisora que não corrigisse a gramática nestes casos para que o leitor pudesse "ouvir a voz" real do paciente.

Finalmente, a essência das histórias foi mantida para fins de ilustração do que essa nova terapia de reprocessamento pode fazer na vida das pessoas. Infelizmente, a emoção e as expressões físicas dos pacientes se perdem na escrita, mas mesmo assim temos a esperança que os leitores possam ter uma ideia de como é que se desenvolveu a sessão, e bem como a rapidez e o impacto da terapia EMDR.

O Que é a Terapia EMDR?[5]

A terapia EMDR – Eye Movement Desensitization and Reprocessing, pelas suas siglas em inglês, (*Dessensibilização e Reprocessamento pelos Movimentos Oculares*) foi descoberta pela Dra. Francine Shapiro em 1987 nos Estados Unidos. De lá para cá, mais de cem mil terapeutas foram capacitados mundialmente na abordagem que hoje representa uma mudança de paradigma na psicoterapia. Só no Brasil há mais de mil e quinhentos terapeutas formados.[6]

Entendendo que traumas e lembranças dolorosas são armazenados de forma mal adaptativa no cérebro, a terapia EMDR é capaz de reprocessar os medos, fobias, terrores, e ansiedades vinculadas às lembranças difíceis que mantém suas vítimas presas aos fantasmas do passado através da integração da informação que se encontra dissociada entre os dois hemisférios cerebrais. De forma acelerada e adaptativa, a terapia EMDR "imita" de certa maneira o que acontece com as pessoas durante a etapa do sono. O movimento rápido ocular (sono REM – Rapid Eye Movement – Movimento Rápido Ocular, característica do que acontece ao sonhar) está presente no cérebro enquanto processa a informação diária e arquiva adaptativamente ao passado.

Por alguma razão ainda não plenamente compreendida, em determinadas situações as pessoas não conseguem realizar este processamento de forma normal e saudável. É daí que possivelmente advêm os pesadelos, sobressaltos, pensamentos intrusivos e obsessivos, ataques de pânico e em casos mais graves o Transtorno de Estresse Pós-Traumático (TEPT) e suas consequências. Em casos mais excepcionais podem chegar aos

---

[5] Essa explicação da terapia EMDR encontra-se em outro livro da autora, *Curando a Galera que Mora Lá Dentro*.

[6] Veja a página de *Procure um Profissional* no site de www.emdrbrasil.com.br

Transtornos Dissociativos de Identidade com histórias de traumas crônicos, repetitivos e constantes, que ocorreram especialmente na infância.

Para aplicar a terapia EMDR o psicoterapeuta deve capacitar-se junto a cursos credenciados onde será ensinado de forma teórica e prática como manejar as oito fases que estruturam a característica do tratamento.

Na primeira fase, o paciente compartilha sua história clínica e o terapeuta identifica os traumas e lembranças dolorosas do paciente que serão os alvos de tratamento em futuras sessões (plano de tratamento).

Na segunda fase, instalam-se recursos positivos para ajudar o paciente a enfrentar momentos difíceis dentro e fora da sessão, e provam-se os diferentes movimentos bilaterais (visuais, auditivos e táteis). Instrui-se o paciente em relação ao processamento que ocorre durante a terapia EMDR.

Na terceira fase, "abre-se" o arquivo cerebral a ser trabalhado através dos resgates das imagens, crenças, emoções e sensações vinculadas ao evento-chave em questão.

Também são tomadas medidas em duas escalas diferentes. A primeira é a escala SUDS (*Subjective Units of Disturbance Scale*), uma escala que mede unidades subjetivas de perturbação. Perguntamos ao paciente, "Em uma escala de zero a dez, onde zero é nenhuma perturbação e dez é a máxima perturbação que você pode imaginar, quanta perturbação você sente agora quando você pensa naquela experiência difícil?" Isso nos permite ir acompanhando o nível de resolução (ou não) da experiência enquanto vamos aplicando a estimulação bilateral. (Também nos permite obter avaliações estatísticas.) Essa escala foi inicialmente desenvolvida por Joseph Wolpe que trabalhou durante muitos anos com dessensibilização, e foi uma forma que ele desenvolveu para que se pudesse avaliar estatisticamente as experiências subjetivas. Também pede-se ao paciente que imagine uma situação ideal ou de resolução, e pergunta-se, "Em um escala de um a sete, onde sete é completamente verdadeiro e um é completamente falso, quão verdadeiro você sente que são essas palavras positivas a seu respeito agora?" Essa é uma escala *likert* que Francine Shapiro desenvolveu para poder medir e acompanhar a resolução desejada para o problema em pauta.

Vale resaltar que com essas medidas, Shapiro criou um protocolo que permitiu o estudo estatístico da sua nova abordagem, o que já resultou na publicação de mais de 200 estudos científicos com metodologia clínica rigorosa e uma revista indexada especificamente dedicada ao estudo de EMDR (Journal of EMDR Practice and Research[7]). A Organização Mundial de Saúde (OMS) aprovou a terapia EMDR como uma das duas psicoterapias eficazes no tratamento de estresse pós-traumático. Possui o selo do *National Registry of Evidence-based Programs and Practices* (NREPP) do governo norte-americano.[8] Atualmente a comprovação científica da eficácia do EMDR é inegável[9].

Na quarta fase o terapeuta aplica os estímulos bilaterais que darão o "arranque" ao cérebro para que possa desenvolver o reprocessamento que resultará na dessensibilização da lembrança dolorosa ou trauma.

Uma das coisas que acontece comumente no reprocessamento é o surgimento de emoções intensas ou ab-reações. Entende-se que uma lembrança foi arquivada com a emoção, sensação, imagem, e pensamentos originais de determinada experiência, portanto, não é de se surpreender que quando abrimos este arquivo cerebral, a lembrança surge com todo o impacto emocional da experiência original. Isso é normal. Abre-se o arquivo e saem todas as "cobras e lagartos", e fantasmas que estiveram morando nessa cova da lembrança. Quando isso acontece, não significa que a pessoa está sendo retraumatizada, mas, sim, que a carga negativa vinculada à lembrança está sendo liberada, reprocessada e transformada em um conteúdo adaptativo e funcional. O passado está virando passado e deixando de viver no presente da pessoa, através dessa transformação neuroquímica do reprocessamento.

Por outro lado, devemos levar em consideração que ab-reações excessivas podem impedir o reprocessamento. Cada parte ou papel traumatizado é um aspecto congelado e dissociado. Quando alguém se conecta com essa lembrança, dispara tudo que

---

[7] http://www.springerpub.com/product/19333196
[8] http://nrepp.samhsa.gov/ViewIntervention.aspx?id=199
[9] Veja a lista de pesquisas disponíveis no site de www.emdrbrasil.com.br

13

foi congelado, guardado e vivido naquela situação, no conteúdo daquele papel. Por isso dizemos que a vivência é estado dependente. Quando cutucamos este lugar, aparece tudo o que foi vivido e sentido naquele momento. Em geral são partes ou papéis mais infantis, mas também podem ser de eventos da vida adulta. Geralmente, os adultos quando crianças, não tiveram os recursos emocionais para enfrentar o que estava acontecendo. Os circuitos, então, ficaram sobrecarregados e a dissociação foi a defesa encontrada para sobreviver.

Se for excessiva a ab-reação ou a vivência da emoção for intensa demais, a pessoa pode voltar a se dissociar e aí não há reprocessamento. O indivíduo não consegue fazer as conexões cerebrais ou neuronais necessárias para reprocessar até uma resolução adaptativa porque a emoção é forte demais e a pessoa (e sua "Galera Interna"[10]) se assusta e "foge" (volta a se dissociar) para seus lugares congelados de novo para se "proteger". Através da dissociação, vão para aqueles lugares internos onde se tem a ilusão de que estão protegidos. Mas nestes casos a estratégia de sobrevivência volta a virar uma prisão de congelamento.

Vemos como é importante tratar isso dentro de um caminho de cuidado. Ab-reação não significa que automaticamente há processamento. Há certas abordagens de psicoterapia que acreditam na ideia de que quanto mais a pessoa "agonizar" (fizer uma catarse intensa ou uma ab-reação violenta) mais ela estará processando, resolvendo e curando sua dificuldade. Isso não é necessariamente verdade. Ab-reação não é igual à cura. Isso faz parte do paradigma que diz que a pessoa precisa sofrer para sarar. Não. Mas não há dúvida que é frequente uma ab-reação significativa quando há reprocessamento devido ao fato de voltar a entrar em contato com uma experiência muito difícil. A ab-reação deve ser a consequência do processamento e não a meta final.

Na quinta fase é possível substituir as crenças negativas e falsas a respeito daquilo que foi vivido por crenças positivas que levarão o paciente a encontrar percepções adaptativas sobre

---

[10] Veja outro livro da autora, *Curando a Galera que Mora Lá Dentro*. Também disponível por e-book na Amazon.com.br

aquilo que havia sido arquivado de maneira mal adaptativa e, muitas vezes, patológica.

Na sexta fase averigua-se a existência (ou não) de perturbações corporais, e a sessão termina na sétima fase com instruções específicas sobre o que esperar entre as sessões.

Na oitava fase o paciente volta, faz-se uma avaliação dos resultados e prossegue-se com a evolução do tratamento: um novo alvo de tratamento caso o anterior já tenha se resolvido de maneira satisfatória, ou a elaboração mais profunda e completa do alvo inicial.

Uma vez que se tenha a história completa do paciente, podemos montar um plano de tratamento, identificando os alvos da terapia EMDR, que costuma ser bastante diretiva em relação ao desenrolar dos objetivos a serem alcançados. Se a pessoa tem medo de avião por que teve uma experiência ruim com turbulências, então vai se montar o protocolo em função dessa lembrança. Se houve situações difíceis em relação a procedimentos médicos, então estes serão o alvo de tratamento. Situações de abuso infantil são tratadas exemplarmente com terapia EMDR. Monta-se um cronograma (flexível) de experiências a serem trabalhadas, e vai se processando uma por uma, até que cada experiência seja zerada. Uma das coisas interessantes que costuma acontecer é que como o processamento continua depois da sessão, especialmente enquanto se dorme, muitas situações vão se resolvendo espontaneamente. Há pessoas que relatam que continuam tendo ganhos terapêuticos meses depois de terem terminado a terapia EMDR.

O que faz o EMDR ser percebido como uma mudança de paradigma? Primeiro, não é preciso falar para sarar. Durante 120 anos se acreditou e se ensinou que o paciente deveria conversar e falar sobre suas dificuldades como uma forma de "desabafar" seus problemas, e que isso iria ajudá-lo a resolver suas dificuldades (o "talking cure" que descrevia Breuer). Mas com a terapia EMDR, a fala pode ser mínima durante o período de reprocessamento cerebral, o que permite que o paciente possa trabalhar suas lembranças de modo privado. Levando-se em consideração que muitos traumas são de caráter sexual ou humilhante, o fato de não ter que entrar em detalhes descritivos muitas vezes permite que o paciente enfrente a lembrança sem tanta vergonha.

Segundo, a resolução da dificuldade se dá pela integração da informação neuronal inicialmente dissociada nos hemisférios cerebrais. É comum que a lembrança dolorosa esteja arquivada no hemisfério direito e sabemos que a fala (área de Broca) que permite a atribuição de sentido ao evento esteja no hemisfério esquerdo. A lembrança está desvinculada daquilo que poderia permitir ao paciente descrever em palavras o que lhe aconteceu. *"Não tenho palavras para lhe explicar o que me aconteceu"* é um discurso comum entre pessoas traumatizadas porque literalmente não as têm. Ou a lembrança está desvinculada do sistema límbico e o paciente vive em um eterno estado de ansiedade e perigo sem saber por que, e sem poder explicar para o seu cérebro que o perigo passou. (Isso se constata através de tomografias cerebrais sofisticadas, tais como PET *scans*, SPECT *scans* ou ressonâncias magnéticas funcionais - fMRI). O EMDR integra essas informações e permite que se possa atribuir sentido ao ocorrido e acalma um sistema límbico atordoado.

Para que se possa processar com eficácia é preciso que a pessoa se sinta protegida e segura. Grande parte dessa segurança provém da relação terapêutica. Se não há confiança na pessoa que acompanha o cliente nessa peregrinação terapêutica – que às vezes tem trechos aterradores – a pessoa não se entrega ao processo curador. Afinal, há toda uma Galera Interna lá dentro por quem se é responsável e a quem tem que proteger. Se qualquer uma das partes internas – alguém da Galera Interna – não se sentir cômoda, segura e protegida, ou se assusta, ou não concordar em seguir adiante, não acontece nada. O reprocessamento pode travar.

É por isso que sempre enfatizamos: o que cura... é o amor. Quem sabe soa estranho falar disso em um livro sobre psicoterapia, mas é o amor, o afeto que dá segurança às pessoas para que criem a coragem de embarcar neste navio da cura e aguentar a viagem até o fim. É a certeza da aceitação incondicional do paciente por parte do terapeuta que encoraja as pessoas a fazerem essa viagem para dentro de si mesmas. Conhecer as feridas dos traumas da infância permite que estes sejam curados pelas novas ferramentas psicoterapêuticas. Sem amor, ninguém cria a coragem para essa viagem.

Uma das melhores coisas que ouvimos dos nossos pacientes ao terminar um reprocessamento é... "Acabou. Agora ficou distante. Está no passado."

E quando voltam às sessões seguintes dizem coisas assim:
- "Lembro, mas não me incomoda mais".
- "Já não consigo me lembrar do jeito que era antes".
- "Ficou borrado. Perdi a nitidez da lembrança".
- "É normal se sentir tanto alivio em tão pouco tempo"?
- "Às vezes me dizem ou me fazem coisas chatas e eu nem ligo mais. Já não é mais importante como antes".
- "To dormindo bem pela primeira vez em anos...!"
- "Não pensei mais neste assunto. Nem me veio à cabeça".
- "É tão engraçado essa coisa da terapia EMDR... é como se nunca tivesse existido aquela experiência. Parece que a terapia EMDR lhe põe num lugar em que o problema nunca existiu. É como que se antes eu visse um quarto todo entulhado e agora não tem mais nada disso. Está tudo organizado e nem imagino mais como era com o entulho...!"

- *"Este EMDR é mágico...!"*

Entendendo a Dor

Há muitos fatores que contribuem tanto para a dor física quanto para a dor emocional. Não é a proposta deste livro oferecer uma longa explanação sobre um assunto que merece livros inteiros. Há alguns aspectos básicos que devem ser levados em consideração quando se tratam pacientes com dor de ambos os tipos: emocional e física.

Uma avaliação médica é imprescindível, de preferência por um especialista. Cada vez mais há no Brasil clínicas especializadas no tratamento de dor física. Os psicólogos geralmente não são preparados para conhecer profundamente as questões médicas vinculadas à dor. Em compensação, os médicos não costumam ter a formação psicológica para entender as causas emocionais da dor física, especialmente aquelas oriundas de traumas de primeira infância.

Atualmente tem-se um novo entendimento sobre as consequências e sequelas de eventos traumáticos na vida das pessoas que sofrem com dor física. Estima-se que entre 20 a 35% das pessoas que sobrevivem a um evento traumático vão desenvolver um quadro de Transtorno de Estresse Pós-Traumático (TEPT)[11]. Maginn (2013) comenta que as pessoas que sofrem de dor (física) crônica possuem sintomas muito parecidos com aquelas com TEPT: ansiedade, depressão, raiva, flashbacks em relação aos procedimentos médicos que já sofreram. É comum desenvolver uma dependência de medicamentos prescritos para

---

[11] *Living with Pain: PTSD and Chronic Pain*, de Mark Maginn, acessado dia 11 de outubro, 2014
http://americannewsreport.com/living-with-pain-ptsd-and-chronic-pain-8817370

aliviar a dor, o que faz com que o "feitiço vire contra o feiticeiro". Os familiares ficam sem saber como ajudar a uma pessoa que pouco a pouco vai se transformando em outra, devido às consequências da dor crônica, de origem física e/ou emocional.

Os Institutos Nacionais de Saúde (NIH) dos Estados Unidos estimam que haja mais de 5 milhões de pessoas com diagnóstico de fibromialgia[12], um transtorno pouco compreendido, mas caracterizado por dor profunda nos tecidos, fadiga, dores de cabeça, depressão e insônia. Uma amiga minha recebeu este diagnóstico dois anos depois da morte inesperada e trágica de um filho jovem resultado de um acidente. Disse-me, "os médicos costumam dizer que a fibromialgia aparece dois anos depois de um trauma grave. Parece que foi isso que me aconteceu depois da morte do meu filho. Nunca consegui aceitar o que aconteceu".

Segundo Maginn, estudos anteriores mostram que pacientes com fibromialgia podem ter uma atividade neural aumentada na ínsula, uma região do cérebro envolvida no processamento da dor e da emoção. Dessa maneira podemos começar a entender como a dor – e a emoção - poderiam estar afetadas por um processamento inadequado a nível cerebral, umas das bases teóricas fundamentais do funcionamento da terapia EMDR.

Dr. Uri Bergmann (2014) apresenta uma explicação detalhada, longa e cheia de pesquisas atualizadas sobre como as novas descobertas da neurobiologia devem instruir a prática da psicoterapia. Em um dos capítulos do seu livro ele nos oferece uma excelente oportunidade de compreender os fundamentos neurobiológicos assim como o processamento da informação, da organização da memória, da consciência, do desenvolvimento infantil, além de transtornos da consciência (processos dissociativos) e a ligação entre trauma e sintomas inexplicáveis

[12] MRI's Could 'Personalize' Pain Care, DE Pat Anson, acessado 11 de outubro, 2014 http://americannewsreport.com/mris-could-personalize-pain-care-8820282

pela medicina.[13] Ele menciona uma lista de doenças, tais como artrite reumatoide, lúpus, doença de Crohn, e tireoidite de Hashimoto. Para os que têm interesse na fundamentação neurobiológica do trauma e seu vínculo com doença, este livro (Bergmann, 2014) é leitura obrigatória.

Um dos estudos mais significativos – e menos conhecidos – que fundamenta a origem traumática de diagnósticos físicos é o *Adverse Childhood Experiences Study[14]* (*Estudo sobre Experiências Adversas na Infância*) que durou 25 anos com uma amostra de 17 mil participantes. Revelou que essas experiências adversas são muito comuns na vida das pessoas com doenças graves na vida adulta, e seu vínculo com todas as doenças crônicas sérias e os problemas sociais nos Estados Unidos.

A história começou quando Dr. Vincent Felitti ficou intrigado com o que estava acontecendo na sua clínica de obesidade em 1985. Metade das pessoas que acudiam ao tratamento abandonava o programa *quando elas estavam perdendo peso*. Estavam deixando o programa justamente quando tudo estava dando certo! Ele começou a revisar as histórias médicas dos participantes e se deu conta que todos tinham nascido com o peso normal. Viu que não tinham subido de peso vagarosamente no decorrer da sua infância. Tinham engordado abruptamente, e estabilizado no peso maior.

Dr. Felitti desenvolveu uma série de perguntas específicas e estruturou entrevistas com os participantes que tinham abandonado o programa para ver se conseguia entender o que é que estava acontecendo. Certa vez, ele errou a pergunta formal do questionário, e acabou perguntando por engano, quanto pesava a participante quando teve sua primeira atividade sexual. Uma mulher lhe respondeu, "Dezessete quilos". Ele achou que ela não

[13] Bergmann, U. (2014) **A Neurobiologia do Processamento de Informação e Seus Transtornos,** Brasilia: TraumaClinic Edições. Disponível através de vendas@traumaclinicedicoes.com.br ou Amazon.
[14] http://acestoohigh.com/2012/10/03/the-adverse-childhood-experiences-study-the-largest-most-important-public-health-study-you-never-heard-of-began-in-an-obesity-clinic Acessado 4/01/2015

tivesse entendido bem, e repetiu a pergunta, e ela confirmou a resposta, e adicionou: "Eu tinha quatro anos, e foi com meu pai." E desatou a chorar. Foi quando ele se deu conta do que tinha perguntado.

Ele achou uma loucura a resposta dela porque em 23 anos de prática médica ele tinha encontrado dois casos de incesto. Durante as seguintes semanas, ele começou a descobrir que a maioria das pessoas entrevistadas relatavam histórias de abuso sexual infantil se a pergunta fosse feita daquela maneira. Achando que ele tivesse feito as perguntas de forma inadequada, ele pediu a cinco colegas que dessem continuidade às entrevistas com os seguintes 100 participantes, e os resultados foram os mesmos. Das 286 pessoas que entrevistaram quase todas relatavam histórias de abuso sexual na infância.

Outra participante lhe ajudou a desvendar mais um pedaço do mistério. Ela comentou que no ano depois de ter sido estuprada ela engordou mais de 45 quilos. "Ser gorda é ser invisível, e era isso o que eu mais precisava." De repente ele começou a se dar conta de que essas pessoas não viam seu peso como um problema, mas sim, *uma solução.*

Comer acalmava sua ansiedade, como faz o álcool ou cigarro ou drogas. Quando não comiam sentiam níveis intoleráveis de ansiedade. Ser gordo protegia essas pessoas do estupro – porque não eram atraentes; de *bullying* na escola – porque os meninos não batiam em menino gordo, e assim por diante.

Dr. David F. Williamson, epidemiologista, ouviu o Dr. Felitti em uma apresentação no prestigioso congresso anual da *North American Association for the Study of Obesity.* A maioria dos colegas aplaudiu educadamente e achou que não passava das bobagens inventadas pelo pacientes para explicar seus fracassos em emagrecer. Com Dr. Williamson foi diferente. Eventualmente estes dois médicos se juntaram ao Dr. Robert Anda, e montaram o estudo em 1995, com a Kaiser Permanente, onde avaliaram a 17.421 pessoas, segundo dez tipos de experiências adversas sofridas na infância.

Os resultados foram chocantes. Não só viram o vínculo entre trauma e doença, mas perceberam o impacto de mais de um trauma na vida das pessoas. Quanto maior o número de experiências adversas a pessoa relatava na sua infância, maior os seus riscos em adoecer no futuro.

Primeiramente, descobriram que existe um vínculo direto entre trauma na infância e o início de doenças crônicas na vida adulta, ser preso, e problemas no trabalho, tais como repetidas ausências ou faltas no trabalho (*absenteeism*).

Em segundo lugar, viram que dois terços dos adultos do estudo sofreram diferentes tipos de traumas. Por exemplo, alguém que tivesse um pai alcoólico também tinha sofrido abuso verbal ou físico. Os traumas não aconteciam isoladamente.

A terceira descoberta foi o vínculo entre o alto número de experiências adversas na infância e o risco maior que essas pessoas tinham de desenvolver problemas médicos, mentais e sociais quando adultos. Quanto mais experiências adversas na infância, maior a probabilidade do indivíduo desenvolver uma doença grave na vida adulta.

Esta equipe desenvolveu, então, uma escala ACE (Adverse Childhood Experiences) para medir a quantidade de experiências difíceis da infância, hoje validada nos Estados Unidos e utilizada para avaliar os riscos e prognósticos. Também foi validada em Portugal[15] onde explicam no seu sumário (em português de Portugal):

> As experiências adversas na infância têm sido descritas na literatura como um dos principais factores de risco para problemas psicossociais na idade adulta. Este facto aumenta a importância de existirem instrumentos que permitam avaliar a ocorrência destas experiências. O Family ACE Questionnaire (Fellitti & Anda, 1998) é um questionário de auto-relato para

---

[15]Silva,Susana & Maia, Ângela. Versão portuguesa do Family ACE Questionnaire (Questionário da História de Adversidade na Infância) http://hdl.handle.net/1822/11323 25/01/2015

23

adultos que pretende avaliar 10 experiências de adversidade ocorridas na infância: abuso físico, abuso emocional, abuso sexual, exposição a violência doméstica, abuso de substâncias no ambiente familiar, divórcio ou separação parental, prisão de um membro da família, doença mental ou suicídio, negligência física e negligência emocional. Cada uma das escalas de adversidade é composta por diversos itens, sendo que estes podem ser dicotómicos ou classificados numa escala de likert. Para além destas escalas é possível calcular a adversidade total que corresponde ao somatório do valor com que cada sujeito foi classificado em cada uma das categorias.[16]

Portanto, já temos um instrumento validado em português apesar de que ainda não se tem notícia da sua validação para a população brasileira.

Este estudo vem a confirmar o que muitos psicoterapeutas têm encontrado empiricamente: que a origem dos sintomas e doenças atuais frequentemente tem sua origem no passado da pessoa. Justamente o protocolo de terapia EMDR é estruturado para levar o cliente a buscar a primeira lembrança relacionada com o tema em pauta. A origem dos males atuais está no passado remoto dos adultos em tratamento. Um estudo recente[17] (2015) confirma que mulheres com Transtorno de Estresse Pós-Traumático (TEPT) tem um risco duas vezes maior para desenvolver diabetes quando comparadas com aquelas que não têm TEPT. Pode-se entender a importância de tomar uma história de trauma dos pacientes com dor física. É possível que haja muitas surpresas sobre como foi que desenvolveu o quadro de dor.

---

[16] http://hdl.handle.net/1822/11323 Acessado 25/01/2015
[17]PTSD doubles diabetes risk in women. http://www.sciencedaily.com/releases/2015/01/150107122906.htm Acessado 8/01/2015

Finalmente, como é muito difícil discernir aonde termina a dor física e onde começa a dor emocional, em muitos casos é preciso tratar as duas coisas concomitantemente. Entende-se que um nível alto de dor física acaba com a qualidade de vida da pessoa e cria novos problemas. Mesmo que não se consiga resolver a questão da dor por inteiro, baixar o nível de dor para um patamar tolerável já traz benefícios significativos para o cliente em termos de qualidade de vida. Adicionar recursos positivos que permitam ao paciente um combate maior às doenças crônicas ou terminais, ajuda a fortalecer sua resiliência, e lhe dá a sensação de ter mais controle sobre sua situação – muitas vezes vivida como algo de enorme impotência. Perceber tratamentos como seus aliados, traz esperança ao indivíduo. Traz a percepção de um maior controle da sua situação por parte do paciente, bem como a possibilidade de estender seu "prazo de validade" de forma às vezes surpreendente. Isso se traduz em uma maior qualidade de vida, com menos dor e com maior dignidade.

Acreditamos que a terapia EMDR tem muito a contribuir para aliviar o sofrimento de depressão, ansiedade, medos e fobias, vinculados a procedimentos médicos, à dor física, às consequências da dor crônica, ou a diagnósticos de doenças graves e/ou terminais. Os casos relatados neste livro assim como o manejo clínico implementado oferecem mais possibilidades de tratamento para situações diversas que comumente encontramos no consultório. Não se pretende esgotar o assunto, mas compartilhar formas criativas de trabalhar que tem produzido bons resultados.

Propostas e estratégias de manejo clínico: Protocolo clássico de terapia EMDR

Neste capítulo, vamos exemplificar com a narração de casos de como o protocolo clássico da terapia EMDR pode ajudar a resolver questões de dor física. Às vezes resolve por completo, como foi o caso da Silvia. Em outros momentos contribui, para uma resolução adjunta, como foi o caso de Severino.

É surpreendente ver quanta dor tem origem traumática. Ana, uma jovem adolescente, sofria de fortes dores de cabeça, mas nunca havia feito a ligação entre a experiência difícil nos treinos de basquete e sua dor. Miranda recuperou sua independência depois de uma cirurgia que lhe abateu completamente. Nestes casos, a aplicação tradicional da terapia EMDR bastou para levar à resolução da dor em poucas sessões. De fato, algumas situações se resolveram com apenas uma sessão!

Eventos traumáticos imperceptíveis

Silvia quis dar seu depoimento neste livro relatando sua experiência na cura de uma enxaqueca que lhe incomodava há muitos anos. Sempre que ela sentava debaixo de uma luz forte, tinha fortes dores de cabeça, ao ponto em que os próprios familiares lhe apontavam lugares aonde sentar em restaurantes e lugares públicos. Vejam como foi a resolução disso nas próprias palavras da Silvia:

"Certa vez, decidi[18] trabalhar uma cirurgia recente a que me submeti pela sugestão de uma amiga. Eu tinha passado muito mal numa viagem e acabei tendo que me operar como consequência. Pensamos corretamente que por menos problemas que a cirurgia possa ter tido, de

---

[18] Silvia Malamud é quem relata seu caso. É Psicóloga Clínica, formada em Terapias Breves, Terapeuta Certificada em terapia EMDR pelo EMDR Institute e EMDR IBA, e Terapeuta em Brainspotting.

modo geral, só pelo fato de se passar por uma cirurgia, por menor que fosse já é viável se questionar se algo pode ter ficado pendente, meio que "flutuando" pelo inconsciente, como algum trauma congelado.

"Quando começou a sessão de EMDR, fui questionada sobre o momento de maior impacto representado pela cirurgia. Como resposta imediata, espontaneamente surge em minha mente a cena da minha ida para a sala de cirurgia. Confesso que até aquele momento da sessão estava ativada nesta pesquisa, mas totalmente despretensiosa posto que não relacionasse absolutamente nada em minha vida que me perturbasse associado à cirurgia. Tanto a cirurgia quanto o pós-operatório haviam transcorrido de modo tranquilo e sem nenhuma intercorrência.

"O protocolo em EMDR foi estruturado e várias cenas sobre o percurso que fiz até a sala cirúrgica começaram a surgir sob diversos ângulos diferentes, fato que achei interessante, pois nunca havia passado por experiência desse tipo em EMDR. (É magnífico como o nosso cérebro criativo tem inteligência particular e própria para reprocessar nossas questões). Na sequência das cenas e já com um pequeno desconforto emocional, revivi o instante em que me deram anestesia e num flash de momento pulei para uma situação onde revivi uma cena surpreendente e que até aquele momento estava esquecido. Nem me lembrava de que havia existido. Me vi acordando no meio do procedimento cirúrgico. Revivi a cena como se estivesse acontecendo naquele momento, embora soubesse que não. Abri os olhos [quando despertei durante a cirurgia] e o que me lembro é de ter ficado quase cega com as luzes do campo cirúrgico. Encontrava-me totalmente acordada e ciente de que a cirurgia ainda não havia terminado. Não senti dor alguma, apenas acordei e dei de cara com o incômodo do flash das luzes indo diretamente na direção dos meus olhos. Lembro-me de ter passado alguns segundos durante a cirurgia olhando aquelas luzes e incomodada com a claridade até ficar enjoada. Ainda meio atordoada falei que estava acordada. Os médicos e auxiliares ao meu redor certamente me ouviram e sem me dirigirem uma palavra, apenas comentaram um com o outro para que eu fosse novamente sedada. Depois da cirurgia não houve comentário algum sobre o breve incidente e eu também não me lembrei de nada e segui em frente.

"Até esse ponto do reprocessamento e com a revelação do evento e agora sem desconforto algum pensei, "ok, terminou a sessão, interessante!" Na checagem geral do protocolo, porém, ainda havia um resíduo de perturbação. E lá fomos nós com isso! Repentinamente, comecei a ter sintomas de enxaqueca, sensação não muito frequente em mim, mas que ocasionalmente ocorria. Continuei o processo e foram

surgindo cenas e mais cenas onde as minhas dores de cabeça ameaçavam disparar. Nunca havia relacionado as coisas, mas o fato é que depois do evento cirúrgico, toda vez em que ia a algum restaurante em que havia uma luz de teto focando diretamente à minha cabeça, eu pedia para mudar de lugar. O motivo? Indícios de dor de cabeça e sutil ânsia de vomito. Bingo! Era o lastro do desconforto de ter acordado durante a cirurgia e tudo o que isso significou emocionalmente em minha história de vida. Luz acima da cabeça, mais claridade focada em mim eram diretamente associadas ao evento da visão perturbadora da luz da sala de cirurgia no momento em que acordei antes do término da mesma.

"A partir deste ponto, o reprocessamento se deu por completo indo para lugares do meu psiquismo inimaginavelmente libertadores. Resultado? Isso ocorreu há cerca de três anos e nunca mais tive nenhum indicio de dor de cabeça. Além disso, quando me pediram para que escrevesse este relato, apesar de termos conversado bastante na ocasião sobre a surpresa revelada, já nem me lembrava da enorme perturbação que era para mim, ficar olhando em restaurantes, por exemplo, onde eu poderia sentar para evitar luz forte focada."

Este caso ilustra com especial eficácia como certas aflições, desconfortos e dores podem ter origem traumática. Despertar em meio de uma cirurgia é sempre uma coisa complicada. Neste caso, o resultado foi uma enxaqueca que aparecia quando as situações externas disparavam a lembrança somática, independente da memória consciente que tinha sido "perdida" em função da anestesia e o pós-operatório. Como Silvia comentou, ela nunca tinha ligado o fato de que as dores de cabeça sugiram depois dessa cirurgia. E uma vez lembrado o despertar na cirurgia, ficou óbvio e explicado por que as luzes fortes eram os disparadores das enxaquecas. Quem sabe o mais surpreendente foi a resolução da dor. Nunca mais Silvia teve este tipo de dor uma vez reprocessada a lembrança da cirurgia.

Ana: dor de cabeça

Ana tinha apenas 16 anos quando veio à terapia para tratar suas questões. Já para finalizar o processo terapêutico, ela mencionou que tinha uma dor de cabeça debilitante. Ao investigar um pouco mais a situação, decidimos trabalhar a dor de cabeça. Segue o relato da sessão.

C (Ana): Hoje eu tô bem, mas tem épocas em que tenho muita dor de cabeça.

T: Você lembra quando isso começou?

C: Eu lembro que começou quando eu tinha uns 10-11 anos. É sempre no mesmo lugar na cabeça. Sinto como que se fosse uma veia latejando. Meu pensamento é, tô morta. Sinto dor, e muito estresse, na cabeça. Quando penso nisso a minha medida é alta, um 9 na escala de zero a dez.

Começamos o reprocessamento a partir destes dados.

C: A dor não veio, mas vieram as cenas da dor. A luz me incomoda. Eu fico sentada, faço massagem, evito tomar remédio. Demora um pouco a passar. (MBs[19])

T: Se você pudesse imaginar um remédio ou antídoto para essa dor de cabeça, como seria? (MBs)

C: Imaginei... Ah, uma coisa que não tinha lembrado. Quando fico com frio, fico com dor de cabeça. Na época do frio, eu fico com o corpo quente mesmo no frio. (MBs)

C: Agora me vi jogando sem dor de cabeça.

T: Quando você pensa nas palavras, eu posso jogar sem dor, quão verdadeiro você sente que são essas palavras agora numa escala de um a sete onde um é completamente falso e sete é completamente verdadeiro?

C: Sete.

T: Pense nisso e siga os movimentos. (MBs)

C: Apareceu do nada... me lembrei quando eu perdi 12 quilos em dos meses e intensificou a dor. Fiz dieta.

T: Pense nisso. (MBs)

C: Melhorou a sensação que vou ter dor de cabeça pra sempre.

T: Agora quando você pensa nessas palavras, eu posso viver sem dor, quão verdadeiro você sente que são essas palavras pensando nisso agora, numa escala de um a sete?

C: É seis.

T: Vamos com isso. (MBs)

C: Tenho problema de vista e preciso de óculos. (MBs)

---

[19] (MBs) = Movimentos Bilaterais, característicos da terapia EMDR. Podem ser visual, auditivos ou táteis.

Preciso tirar a raiz da dor de cabeça. (MBs)

C: Me lembrei... Eu tava entrando na quinta série, nunca tinha ficado de recuperação. E eu fiquei em inglês. Fiquei assustadíssima, e continuei ficando de recuperação. Até hoje eu fico, porque neste colégio é fácil ficar de recuperação. Mas eu recuperava. (MBs) Isso. Deu.

T: Vamos curar o susto? Parece que você ficou com medo de ser reprovada nessa época em que surgiu a dor de cabeça? (MBs)

C: No ensino médio foi melhor que no ensino fundamental, essa coisa do susto. Nas provas não consigo relacionar a pergunta com a resposta. (MBs) Expliquei isso pra ela, pra menina de 10 anos. Até a quarta série... eles não preparavam a gente pra quarta série. Agora sou aluna de destaque. Falei pra ela, a menina de 10 anos, que foi erro da escola não ter preparado a gente. Ela entendeu, ficou chateada, mas entendeu e que mais na frente iria ficar preparada.

T: Então, não precisa mais ter dor de cabeça, pelo menos por essa razão? (MBs)

C: Não.

T: Então vamos falar pra ela, para essa menina de 10 anos que levou o susto tão grande, que não precisa ter dor de cabeça. (MBLs)

C: É só estudar!

T: Numa escala de um a sete, quando você pensa na dor de cabeça, e nas palavras, eu posso viver sem dor, como está?

C: Sete.

T: E o que você vai fazer quando essa dor de cabeça quiser aparecer de novo?

C: Eu vou tomar o meu remédio. Me imaginei tendo dor de cabeça na semana de provas. Eu fechei os olhos, e pensei, calma, respira, vamos tomar água, e voltar a estudar... e melhorou. Tenho um remédio próprio. Bastante eficaz.

T: Pensando agora no incidente original, onde começamos numa escala de zero a dez quanto que incomoda agora?

C: Zero.

C: Eu posso usar o meu remédio quando for preciso. Foi bem interessante tudo isso. Agora acabou. Estou sem marca, sem nada. Acabou.

T: E agora, quando você pensa nisso tudo, e escaneia seu corpo, tem alguma perturbação?

C: Não.

T: Então, vamos ficar por aqui hoje. O processamento pode continuar depois da sessão, como você já sabe. Qualquer coisa, você me liga, OK?

Comentários finais:

Ana já estava familiarizada com a minha forma de trabalhar com a Galera Interna[20], constructo criativo que desenvolvi para explicar a teoria de papéis de forma simples. Todos têm papéis internos mal curados e que se portam de forma mais infantil, dependendo da idade em que o evento difícil/traumático aconteceu. Neste caso, Ana já sabia que precisava ajudar essa menina de 10 anos que ficou assustada, e sua parte (mais) adulta "entrou em cena" e explicou as coisas para ela. Quem sabe essa seja uma das formas mais eficientes de efetuar a reparação com situações e pessoas do passado que afetaram papéis na infância e adolescência.

No follow-up vários anos depois, Ana comentou que as crises de dor de cabeça melhoraram muito. Aparecem quando ela fica estressada, mas que respira, toma seu remédio e logo passa; enfim, atitudes de adulta.

Guadalupe: lutando contra o câncer

Guadalupe tinha tido uma série de doenças graves antes de chegar à terapia. Queixou-se das muitas dificuldades que tinha enfrentando com a família do marido, com sua própria mãe que morava com ela para ajudá-la a criar os seus filhos, agora adolescentes, em razão de suas limitações físicas. Passamos muitas sessões trabalhando suas amarguras e ressentimentos, e pouco a pouco Guadalupe foi ficando mais leve.

Um dia, ela chegou muito assustada e nervosa à sessão.

---

[20] Veja em detalhe no livro da autora, *Curando a Galera que Mora Lá Dentro*, disponível pela Amazon (impresso e e-book) ou escreva para vendas@traumaclinicedicoes.com.br

Quando indagada, me disse:

"Como você sabe, eu tive um câncer ovariano há 2-3 anos. Os médicos me operaram pensando que era um nódulo benigno e na hora descobriram que era câncer. Sempre faço minhas checagens médicas de acompanhamento, e o doutor me disse na última visita que se os meus números continuarem a subir eu vou ter que entrar na quimioterapia de novo! Não sei se eu tenho mais medo da doença ou da químio! Estou apavorada! Não quero perder meu cabelo nem sentir todos os efeitos colaterais da quimio de novo. Eu passei muito mal com aquilo tudo. Será que tem algo que a gente pode fazer?"

Eu me lembrei do livro de Bernie Siegel, *Amor, Medicina e Milagres*[21], que eu tinha lido há muitos anos. Ele descreve como trabalhava com seus pacientes oncológicos. Descobriu que uns 5% deles não morriam como prognosticado, ou viviam muito além de qualquer expectativa para sua doença. Estudando essas pessoas descobriu que elas investiam em mudanças significativas de vida. Com o tempo ele foi estudando a relação dos pacientes com os tratamentos. Pedia que seus pacientes fizessem desenhos de como encaravam a quimioterapia, e para aqueles que a viam como veneno, buscava tratamentos alternativos, ou, na sua ausência, ajudar a pessoa a ter uma percepção mais saudável do que a quimioterapia poderia fazer por ela. Lembrei-me nitidamente de um paciente que o autor descrevia que fez uma visualização do seu sistema imunológico como que se fosse um "Pac-man"[22] que ia "comendo" as células cancerosas. Teve bom resultado. Decidi fazer uma proposta parecida para Guadalupe.

Contei para ela sobre o livro de Siegel e o exercício do seu paciente e ela gostou da ideia. Empregando os movimentos bilaterais lentos característicos da terapia EMDR para a instalação de recursos positivos, pedi a Guadalupe que imaginasse seu sistema imunológico como estes agentes que pudessem devorar as células cancerosas no seu corpo. Ela era muito católica e comentou depois que era como que se o Espírito Santo estivesse passando pelo seu corpo, iluminando e mostrando aonde havia essas células do câncer. Então, os agentes devoradores iam destruindo as

---

[21] **Amor; Medicina e Milagres**, Siegel, Bernie S. / Best Seller Ltda.
[22] Vídeo game antigo da Atari®.

células malignas e seu corpo expelia os restos.

Poucas semanas depois dessa sessão, Guadalupe interrompeu o tratamento porque o seu marido perdeu o emprego, e ficaram sem condições de dar continuidade ao tratamento.

Um ano depois, ela voltou a marcar sessão. Quando ela compareceu, reparei que o cabelo estava intacto, sem aparência de quem tivesse passado pela quimioterapia. De fato, Guadalupe começou me contando que tinha passado um tempo difícil. Sua mãe tinha falecido e os cuidados da sua casa e dos seus filhos recaíram completamente sobre ela. Fiquei ainda mais admirada e perguntei pelo andamento das suas questões médicos.

"Ah, não tive mais nada. Os números começaram a baixar e não tive que entrar na quimioterapia." Fiquei ainda mais assombrada ao ouvir este relato. Quando lhe perguntei o que tinha acontecido, me explicou que tinha feito o exercício do Pac-man religiosamente todos os dias.

"Antes de sair da cama e antes de dormir, todos os dias, eu faço aquele exercício que você me ensinou. E quando fico atoa aproveito para fazer estes escaneamentos do meu corpo, e matar qualquer célula cancerosa que possa parecer. Com isso, os meus números começaram a baixar. E eu... me safei da quimioterapia! Sabe, doutora, a gente tem até medo de dizer uma coisa dessas, mas eu acho que estou curada."

Guadalupe estava obviamente estática e eu me alegrei muito com ela. Tive uma ponta de receio com seu otimismo porque câncer ovariano costuma ser uma dos mais agressivos e fatais, apesar de menos comum entre os diagnósticos de câncer. A situação dela não era fácil.

Guadalupe terminou seu processo terapêutico um ano depois e deixou a terapia. Eu mantive o contato com a médica que tinha me encaminhado Guadalupe e de tempos em tempos eu perguntava por ela. Nove anos depois, me encontrei pessoalmente com Guadalupe e ela continuava em remissão, já considerada curada do câncer que tinha lhe acometido. Voltei a entrar em contato com a médica para indagar da situação de Guadalupe quando escrevia este livro. Quinze anos depois, ela continua sem recaídas.

Propostas e estratégias de manejo clínico: Protocolo do desenho aplicado à dor

Pedir aos clientes que façam um desenho da sua dor é muito ilustrativo. Psicodramatista na primeira formação profissional utilizei desenhos extensivamente nas sessões de terapia durante toda a carreira profissional. Mas foi quando vi Mark Grant pedir desenhos da dor em uma demonstração que fez em Quito, Equador (c. 1999) é que percebi a riqueza de se utilizar desenhos no trabalho com dor física. Serve também como modo de comparação entre o antes e depois (pré- e pós-sessão de terapia EMDR). Permite que todos possam "ver" o que a pessoa sente.

Lúcia

Lúcia comentou na sessão que ela sempre teve muitos problemas com a digestão. Como adulta, ela descobriu que tinha muitos centímetros de intestino a mais que as outras pessoas, e isso lentificava o processo de digestão. Tudo era mais complicado, e ela confessou que tinha muito medo que em algum momento pudesse lhe dar um "nó nas tripas". Aproveitamos essa expressão do seu medo para fazer um desenho, e decidimos trabalhar essa questão. Ela fez o seguinte desenho:

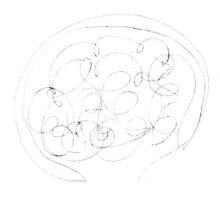

Fomos estruturando os elementos do protocolo da terapia EMDR usando o desenho como a imagem, a expressão, "tenho um nó nas tripas" como a sua crença negativa, e ela comentou sobre os seus sentimentos de frustração, angústia e até raiva em relação a seu "defeito de fábrica". Passamos à fase de reprocessamento, e nos surpreendemos quando ela recuperou uma lembrança antiga:

"Olha o que eu lembrei! Quando eu tinha sete anos, em um dia de terça-feira, a minha avó foi lá em casa. Junto com a minha mãe e as minhas tias, elas me agarraram, seguraram a minha cabeça, braços e pernas, de barriga para baixo na cama, enquanto uma delas colocou um supositório para me ajudar a ir no banheiro! Nunca mais eu tinha me lembrado disso!"

Fomos reprocessando a cena até que ela zerou o nível de perturbação ligado ao acontecimento. Pedi que ela fizesse um desenho de como ela se sentia agora.

"Agora tenho a sensação de ter uma saída livre, um livre passo, para o resultado da minha digestão. Me sinto normal. Não importa que eu tenha estes centímetros a mais de intestino. Este é o jeito que eu sou, e tudo bem ser assim."

Vinculamos essa crença positiva que surgiu com a lembrança original e com o novo desenho, e nos asseguramos de que já não tinha mais perturbação corporal. Lúcia saiu muito satisfeita da sessão, contente de ter podido trabalhar essa lembrança antiga.

Na seguinte sessão, ela fez um comentário muito interessante. *"Veja, durante anos eu tinha uma sensação anal de que as coisas entravam quando deveriam estar saindo. Depois do processamento da última sessão, passou completamente essa sensação! Foi incrível! Acabou aquela sensação desagradável. Agora eu realmente me sinto normal!"*

Vale fazer algumas observações importantes em relação ao caso da Lúcia. Primeiro, veja como a lembrança traumática é guardada com riqueza de detalhe. A cliente se lembrava até *do dia da semana em que aquilo tinha lhe acontecido.* Neste sentido, a memória traumática é muito diferente da memória normal, já que o cérebro não tem para quê guardar informação corriqueira e desnecessária à sobrevivência. Na lembrança traumática, a informação não processada de forma apropriada ressurge com muitos detalhes que tinham sido aparentemente esquecidos.

Uma das coisas surpreendentes desta sessão é a origem traumática de uma sensação física. Vemos isso acontecer repetidas vezes nos relatos dos nossos pacientes quando se trabalha questões de dor física. Isso deve nos alertar de que há diagnósticos físicos que poderiam ser investigados para tentar uma melhora significativa com terapia EMDR. O difícil é saber quando a origem pode ser traumática, já que muitas vezes a pessoa não se lembra do evento que deu início ao sintoma físico, como vimos aqui no caso da Lúcia.

Severino

Severino tinha sido diagnosticado com HIV/AIDS seis anos antes de nos conhecermos. Estávamos vendo a possibilidade de fortalecer seu sistema imunológico com a terapia EMDR para que pudesse evitar entrar na tri-terapia medicamentosa ("coquetel") que ajuda a combater os efeitos da doença, mas que traz seus próprios efeitos colaterais. Severino queria adiar o máximo possível o uso do coquetel, e a médica tinha concordado porque a sua contagem viral era baixa. Mas devido a uma série de estresses em sua vida, sua contagem CD4 (que indica a capacidade do sistema imunológico de responder adequadamente aos vírus) havia baixado significativamente. Agora estava em 250 e a médica lhe alertou que quando chegasse a 200 ele teria que entrar nos remédios.

Severino estava bastante assustado. Lembrando-me do caso de Guadalupe e os bons resultados que se obteve, pensei na possibilidade de usar os desenhos em conjunto com a imaginação criativa a fim de fazer uma instalação de recursos positivos. Quem sabe poderíamos fortalecer sua capacidade inata de combater o vírus?

Pedi a Severino que fizesse um desenho de como ele se percebia neste momento da sua luta. Ele comentou, *"Me sinto detonado. Antes eu conseguia me proteger dos vírus, mas agora até o meu escudo encolheu. Estão me atacando com uma rapidez maior do que eu posso me defender. Estou suando com o esforço".*

Como queríamos trabalhar ferramentas que pudessem lhe ajudar a enfrentar sua situação, pedi também que fizesse um desenho de como ele gostaria de se ver nessa luta.

"Antigamente, eu me sentia protegido, como que se estivesse debaixo de uma redoma de vidro. Os vírus batiam no vidro e rompiam ao meio, então eu tinha cada vez menos vírus, pelo menos na minha forma de pensar. Com isso, eu tinha conseguido evitar que baixasse muito o meu CD4. Mas agora, com tantas crises que estou enfrentando, to com dificuldade de me ver como era antes."

Severino fez este novo desenho dele debaixo da redoma de vidro sendo atacado pelos vírus, mas protegido. Veja o vírus no canto inferior da direita do desenho que se parte ao meio ao topar com a redoma.

Processamos rapidamente como ele se sentia neste momento. Então passamos a trabalhar o segundo desenho que era o alvo da nossa sessão, e com poucos movimentos lentos, instalamos este recurso positivo de forma que ele pudesse estar bem. A ideia era que Severino recorresse a esta imagem várias vezes por dia para dar um conteúdo positivo a seu corpo.

Quando ele sentiu que o recurso estava fortalecido dentro de si, fiz outra proposta. Severino era cristão, e tinha me comentado que na sua igreja uma pessoa havia lhe dado uma palavra profética de que Jesus iria purificar o seu sangue. É importante respeitar e aproveitar todas as crenças (positivas) que o cliente tem que possam ajudá-lo no seu combate à doença.

"Severino, você tinha me comentado anteriormente que houve uma pessoa que lhe disse que Jesus poderia purificar o seu sangue. Como seria isso? Pode fazer um desenho disso?"

"OK. Vejo como que se fosse um tipo de transfusão de sangue. O meu sangue sai do meu corpo, vai pro céu, Jesus limpa e purifica todos os

vírus, e quando o meu sangue volta a meu corpo vem sem vírus. Assim cada vez mais eu tenho menos vírus."

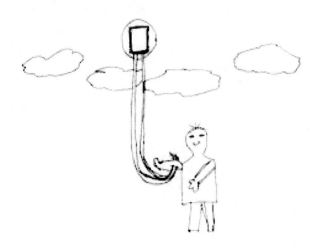

Fortalecemos essa imagem positiva, e no final da sessão eu "prescrevi" o meu remédio: "Severino, todos os dias, pelo menos três vezes ao dia, quero que você faça o exercício de pensar nessas imagens positivas: de que você está protegido e que seu sangue está sendo purificado. Eu não posso lhe dar nenhuma garantia se isso vai funcionar, mas mal certamente não lhe fará. O importante aqui é a constância do exercício, de lembrar-se de fazê-lo diariamente, muitas vezes. Se você lembrar, faça mais vezes. Vamos ver o que acontece." Severino concordou, e nos despedimos.

Severino voltou a seu país e fiquei muito tempo sem ter notícias dele. Um ano depois, ele apareceu, para trabalhar outro tema. Morta de curiosidade, perguntei para ele como tinha se desenvolvido o trabalho que fizemos, e como estava seu estado de saúde. Severino sorriu.

"Semana passada voltei a fazer meus exames. Meu CD4 estava em 590! Desde que tive meu diagnóstico nunca esteve tão alto! A médica está impressionada! Me disse, 'eu não sei o que você está fazendo, mas continue fazendo porque está funcionando!' Não entrei no coquetel e a minha contagem viral continua baixa."

"A que você atribui essa melhora?"

"Esly, todos os dias durante os primeiros três meses depois que fizemos aquele exercício, eu "tomei seu remédio" religiosamente. Onde eu

estivesse, muitas vezes ao dia, fui relembrando as imagens positivas. Com o tempo eu fui relaxando, e fazia menos vezes, mas pelo visto o efeito continuava. Foi só isso."

Oito anos depois deste encontro, consegui localizar Severino para pedir uma atualização sobre a sua condição. Ele me contou que quatro anos antes, entrou numa crise significativa. *"Não dei conta de segurar".* As defesas dele caíram muito e decidiram junto com a médica que era melhor entrar no coquetel como medida preventiva.

"Iniciei a medicação como forma de proteção onze anos depois do diagnóstico inicial e até hoje não sinto nada. A defesa está muito boa e consegui com a medicação deixar a carga viral indetectável, o que é muito bom! Dessa maneira eu não sinto nada, nem mesmo os efeitos colaterais dos remédios. Não tenho nem dor na unha! Quando vou ao hospital, o meu número de prontuário é tão antigo que a equipe acha que dei o número errado. E não senti dificuldade em tomar os remédios com frequência. Está bem manejável: um de manhã e dois de noite e pronto, todos os dias. Não tenho os efeitos colaterais que eu tanto temia."

Quando lhe indaguei se ainda fazia os exercícios de imaginação, me comentou:

"Faço sim, mas não com muita frequência. A minha tendência é de fazê-los sempre que eu estou bem. Em relação à doença não tenho grilo nenhum. Continuo do mesmo jeito. Aliás, meus amigos mais íntimos brincam comigo dizendo que eu não tenho é nada!" E soltou aquela gargalhada.

Quinze anos depois do seu diagnóstico inicial, Severino lida com a sua enfermidade de forma invejável. Toma seus remédios, segue as instruções médicas e vive uma vida normal.

Aqui vemos o poder de recursos positivos. Não estamos afirmando que isso pode ter o mesmo resultado em todas as pessoas. Temos apenas um caso anedotal para ilustrar a experiência. Mas os resultados foram realmente impressionantes e inspiram tentativas em maior escala. As pessoas devem continuar com seus remédios e o acompanhamento médico que é fundamental no tratamento de doenças. Mas esperamos que isso possa servir como um exemplo de mais um recurso no combate a enfermidades graves e crônicas, onde o sistema imunológico joga um papel importante.

Deise: o buraco na cabeça

Encontrei Deise na sua casa, se recuperando de uma cirurgia delicada. Ela tinha descoberto havia pouco tempo que não era o nariz que estava pingando há tantas semanas, e sim, fluido cerebral que estava saindo pelo nariz, porque a estrutura óssea que separava essas partes do rosto e seu cérebro tinha se deteriorado. Os médicos tinham feito um enxerto ósseo que exigia que ela ficasse deitada durante um tempo significativo, sem levantar a cabeça, para assegurar o sucesso da cirurgia. Mais uma vez, aproveitamos para instalar recursos corporais para ajudá-la na sua completa recuperação.

Deise fez o seguinte desenho de como se percebia, e comentou que tinha um "buraco na cabeça".

Com essa crença negativa, pedi que fizesse outro desenho de como gostaria que ficasse sua situação com o êxito da cirurgia, e ela fez outro desenho, onde comentava, "Minha cabeça está completamente selada".

Passamos ao processamento dos eventos ligados à cirurgia:

- quando descobriu que o problema era grave já que se tratava de fluido cerebral;

- que se não fechasse bem a ligação entre rosto e cérebro arriscava alguma infecção que passaria a seu cérebro. Até mesmo uma gripe era de alto risco neste momento e poderia causar uma inflamação cerebral muito séria ou até mesmo a morte;

- o medo, angústias e receios vinculados aos eventos, na espera para ver se o enxerto "pegasse";

- o tédio de ficar absolutamente deitada durante vários dias, obedecendo às instruções médicas.

Depois de várias séries de movimentos bilaterais (táteis, neste caso, pelas razões óbvias), Deise se sentiu melhor, e com uns 15 minutos de reprocessamento, sua angústia passou e ficou a sensação apenas da espera, mas com confiança que o enxerto funcionaria. Retomamos o desenho positivo, e ela disse, *"Agora está um pouco diferente. Quando você me perguntou na escala de um a sete quanto eu que acreditava que fosse verdade que a minha cabeça estava selada, eu 'vi' como se fosse um sete na minha cabeça. Para mim o número sete representa a perfeição, o completo, então sinto que a minha cabeça está completamente selada".*

Pedi a Deise que fizesse um desenho de como ela percebia essa nova imagem e reforçamos também este recurso positivo. Mais uma vez, insisti que fizesse a visualização várias vezes por dia para instruir seu corpo a ajudá-lo no processo de cura.

Tempos depois, o esposo de Deise entrou em contato comigo para agradecer. Comentou que Deise tinha realmente ficado completamente curada. O enxerto pegou e, apesar da recuperação ter sido "chatinha", ela estava sem risco, e acreditava que a sessão tinha lhe ajudado muito a enfrentar tudo de forma positiva. Já não corria mais nenhum risco, e apenas tinha que fazer os exames normais de acompanhamento.

Sandra: A legítima dor de cotovelo... [23]

Esse relato mais extenso de uma sessão expõe o uso do EMDR na intervenção de queixas com dor física. Pode-se perceber a vinculação da dor com lembranças dolorosas do passado, tanto em relação a situações ligadas diretamente ao acidente físico quanto a lembranças de situações associadas nas redes neuronais. O EMDR pôde eliminar a dor durante a sessão e, na sessão seguinte (24 horas depois), a paciente continuava livre da dor física.

---

[23] Relato publicado originalmente no livro de casos de terapia EMDR por autores brasileiros, *Conquistas na Psicoterapia,* editado por André Maurício Monteiro, publicação da Associação Brasileira de EMDR (2012). Reproduzido com permissão. www.emdr.org.br

Queixa da paciente:

Há aproximadamente um ano, Sandra, a paciente, informa que sofreu uma lesão no cotovelo devido a um movimento brusco. Quando procurou o médico, ele sugeriu uma infiltração que Sandra relata que fora feito de uma maneira extremadamente dolorosa ao ponto de ela atribuir a experiência a um 'erro médico', já que a infiltração atingiu o nervo mediano. Com o tempo, houve uma melhora, mas a dor voltou, cronificou e apesar de tratamento medicamentoso, não regredia.

Procurou outro médico que sugeriu outra infiltração a que foi feita dois dias antes dessa sessão de terapia EMDR. Sandra informa que mesmo que a infiltração tenha sido "bem feita dessa vez" que sentiu muita dor com o tratamento: não conseguia mover o braço apropriadamente (não conseguia escovar os dentes sozinha, nem comer direito, etc.) e se sentia pior que antes da infiltração.

Reclama que tinha se arrependido de ter feito a infiltração especialmente porque tinha compromissos importantes nos dias posteriores e que estava limitada no desempenho de funções normais. Sente muita angústia, porque o médico tinha aventado a possibilidade de uma intervenção cirúrgica caso a dor persistisse. Sua angústia tem se agravado porque sente que com cada passo piora sua dor e sua sensação de incapacidade.

Nessa sessão, a terapeuta pede para Sandra fazer um desenho da sua dor para que sirva como a imagem alvo a ser trabalhada
.

T: Faça um desenho da sua dor.

Cliente faz o seguinte desenho:

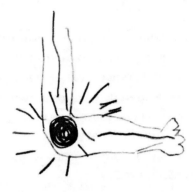

T: Quando olha essa imagem, que palavras descrevem o que você pensa sobre si mesma que seja negativo?

C: Incapaz ou incapaz de ser saudável.

T: Podemos ficar com "sou incapaz"? ou "sou incapaz de ser saudável"?

C: Sou incapaz de ser saudável.

T: E quando você olha para essa imagem novamente, que palavras descrevem o que você gostaria de pensar a respeito de si mesma que fosse positivo?

C: Estou livre de dor. Saudável. O mais adequado é livre de dor.

T: Estou em duvida se você não vai mais ter dor porque é pouco realista achar que nunca mais as pessoas vão sentir dor...?

C: Eu me sinto saudável. Posso ser saudável.

T: Quando você pensa nisso, numa escala de um a sete, onde sete é completamente verdadeiro e um absolutamente falso, o quanto você sente que a frase "posso ser saudável" é verdadeira?

C: Sete.

T: Quando pensa nisso e nas palavras "sou incapaz" que emoções você sente agora?

C: Tristeza profunda.

T : Numa escala de zero a dez onde zero é nenhuma perturbação e dez é a máxima perturbação que você pode imaginar quanta perturbação você sente agora quando pensa nessa imagem?

C: Oito.

T : Onde você sente isso no seu corpo?

C: Braço, cotovelo.

T: (A terapeuta dá as instruções apropriadas para a fase 4, e dá início a movimentos oculares).

C: Tô com taquicardia, suando muito.

T: (Movimentos Bilaterais = MBs)

C: Tive uma sensação clara: Minha mãe morreu de câncer, com muita dor e muita incapacidade, dependente. A dor mais forte que sentiu na vida tem a ver com a dor que ela sentia.

T: (MBs)

C: Sempre quis me colocar no lugar da minha mãe para saber o que ela sentia, inclusive na hora da morte. Tentativa de ter a dimensão da dor dela. Acho que somatizei um pouco.

T: (MBs)

C: Dei uma fugida para meu lugar seguro, coloquei o pé na água e voltei. Para minha mãe, o mais difícil foi a incapacidade do que a dor. Para mim também. Perder a autonomia, ter que pedir ajuda. Há uma identificação. A dor é mais suportável que a incapacidade.

T: (MBs)

C: Estou me sentindo mais tranquila, o suor passou um pouco, sinto um pouco de dor, mas sinto menos tristeza, menos vontade de chorar.

T: Na escala de 0 a 10 quanta perturbação você ente agora?

C: 6.

T: Que é esse 6?

C: A sensação de dor parece mais distante, mas a incapacidade ainda não. Como se fosse algo de um passado muito remoto.

T: [continua movimentos. Quando para os movimentos pergunta à paciente:] Sandra, você tem câncer?

C: Não. Não! Claro que não!

Agora me lembrei da semana passada, em que eu estava

47

extremamente bem, alegre, energizada. Com um pique que há muitos anos não sentia. Foi uma semana maravilhosa. Senti um bem estar grande, apesar da dor. Fiz tudo que tinha que fazer. Na quinta-feira fiz a infiltração de novo. Não quero me culpar, mas foi uma decisão errada.

T: (MBs)

C: Foi um boicote muito grande, eu estava muito bem e usei esse cotovelo para me boicoitar. Foi a primeira vez que eu me sentia tão bem em quatro anos, desde a morte da minha mãe.

T: (MBs)

C: Me veio a imagem, um efeito cinematográfico. É a dor da minha mãe, não é a minha.

T: (MBs)

C: Me lembrei de várias cenas dela, uma foto dela que eu tenho em casa onde ela está sorrindo. A minha filha está no colo dela, a minha filha está até vesga, mas o principal é que minha mãe está sorrindo. Era raro ela sorrir...

T: (MBs)

C: Eu rio mais que ela [mãe], tenho mais capacidade de rir que ela, de ser saudável talvez.

T: (MBs)

C: Vem muita coisa. Consegui ficar bem semana passada apesar da dor, consegui ter muito prazer, apesar disso. Achava que precisava estar absolutamente sem dor para ser feliz. A dor não precisa acabar com minha vida.

T: Você tem o direito de ser feliz agora que sua mãe morreu?

C: Sempre tive. Lamento não ter podido ajudar, ela não pediu ajuda, não se curou. É difícil ver que a incapacidade é real mas é dela, não é minha.

T: (MBs)

C: Saí um pouco dela [mãe]. Pensei nas minhas filhas, como elas ficaram bem com meu bem estar. Dá para mudar essa história, ela não precisa se repetir".

T: (MBs)

C: Tomei a decisão errada de fazer a infiltração antes do

curso. Minha mãe tomou muitas decisões erradas na sua doença. Não preciso mais chorar por essa decisão, isso não precisa se perpetuar. Estou aqui, não estou na cama. Tudo bem.

T: Você tem ferramentas para se cuidar melhor que sua mãe.

C: A frase que me vem é "esse corpo me pertence. Eu posso cuidar ou descuidar dele".

T: (MBs)

C: O corpo dela parecia que não pertencia à ela... Agora me veio à cabeça vários momentos agradáveis. Dançando ... a sensação do corpo que me pertence.

T Qual é a sua decisão? Vai cuidar ou descuidar?

C: Cuidar. Não preciso deixar de viver, de ter prazer para me cuidar. Me vejo fazendo fisioterapia a tarde e saindo para dançar a noite.

T: Podemos parar aqui ou seguir um passo adiante. Tenho a impressão que você precisa reparar algumas coisas com seu corpo. Gostaria de propor uma conversa entre você e seu cotovelo.

C – Deixa eu tirar isso (retira a faixa do braço).

[Terapeuta espera a cliente tirar a faixa, e então continua os movimentos e pede para ela imaginar a conversa.]

C: Perguntei "porque você me sacaneou? Porque você não me deu a dica?". Acho que é um cotovelo mal compreendido, acho que eu não estou ouvindo. Não sinto nenhuma dor neste momento [com ar de espanto!].

T: Vamos ouvir o que seu cotovelo tem para te dizer. (MBs)

C: Veio à memória uma coisa pequenina. A resposta é "você que não cuidou de mim". Carinho, quentinho. Estou impressionada com a falta de dor! Acho que era isso que ele precisava.

T: Quero saber se você e seu cotovelo estão jogando no mesmo time.

C: Vou fazer essa proposta.

T: (MBs)

C – A resposta não veio em palavras, mas a cena que veio

foi eu dançando "*I feel good*". Me vi dançando essa música.

T: Tenho outra proposta, que tal fazermos uma visita ao primeiro médico?

C: Tenho vontade de bater nele.

T: (MBs)

C: Nossa, disse um monte de impropérios para ele. Ele não foi cuidadoso. Tinha vontade de dar porrada com esse braço. A lesão inicial foi brincando de lutar boxe. Me senti jogando esse videogame, cujo boneco era o médico.

T: E agora, quanto te incomoda, de 0 a 10?

C: A cena não me incomoda mais. Zero. Não sinto dor. Estou chorando de alegria. Fazia muito tempo que não sinto isso. [enxuga as lágrimas]

T: Gostaria de te pedir pra fazer um novo desenho agora de como está a sua dor.

C: Estou tremendo. [desenha com o braço machucado]

T: Quando você vê esse desenho agora, o que pensa a seu respeito que seja positivo?

C: Eu sou feliz, alegre, leve.

T: Que vamos instalar agora?

C: Sou capaz de viver sem dor.

T: Quando pensa nisso agora, numa escala de um a sete, onde um é completamente falso e sete é completamente verdadeiro, quanto que você sente que são verdadeiras essas palavras agora?

C: Agora? Sete. Não estou sentindo nada.

T: Vamos fortalecer. Pense no desenho e na frase "sou capaz de viver sem dor". [inicia movimentos]

C: Eu sou capaz de viver sem dor. Acabou.

T: Pense nessas palavras positivas, diga se sente alguma perturbação.

C: Nada. Nenhuma perturbação. Olha só! O braço estica! Não vou procurar a dor, ele está machucado. Vou cuidar dele.

Fim da sessão inicial do tratamento para dor.

No dia seguinte, Sandra volta ao consultório.

T: Como você passou?

C: Não tô acreditando. Estou achando que foi o remédio. Eu continuo sem dor. Vi que meu corpo, tirando as outras coisas envolvidas, permitiu que o remédio fizesse efeito. Senti a química.

T: E agora, qual é o nível de perturbação de zero a dez?

C: Reluto em dizer 0. Ainda tenho raiva do médico. Digamos 2.

T: E o que é zero?

C: Zero é esquecer, não ter mais raiva, não me mobilizar mais. Ainda tenho raiva. Que vire um fato, sem que fique impregnado de emoção.

T: E a dor, de zero a dez?

C: Zero.

T: Podemos fazer uma tentativa de zerar sua raiva?

C: Ok. Agora só quero saber do que pode dar certo!

T: Pense na raiva. (Inicia movimentos).

C: Pensei várias coisas. Primeiro coloquei nas mãos do médico a cura e esqueci que uma parte da cura cabia a mim. A

51

raiva é dele, mas também de mim por não acessar a auto-cura. Foi um erro, todos podem errar. Infelizmente foi comigo. Não sinto mais vontade de bater nele, perdeu a importância um pouco. Não o recomendo a ninguém, mas não quero ocupar memória do HD com isso.

T: Vamos olhar para seu HD. Como você quer deixar isso arrumado para encerrarmos a sessão?

C: Me veio uma frase, doença sempre há de pintar por aí. Eu posso adoecer de novo, sentir dor de novo, estar sujeita a isso. Mas que posso sair disso, deixar de sentir dor também.

T: Vamos voltar à cena do médico. O quanto te incomoda agora de zero a dez?

C: Zero

T: *Posso deixar de sentir dor.* De um a sete, quanto é verdadeiro?

C: Sete.

Fim da sessão de seguimento

Comentários e observações:

Nessa sessão, fica exemplificado como o EMDR pode intervir de forma positiva em situações de dor física. A aplicação do protocolo clássico de oito fases com algumas intervenções clínicas adicionais permitiram que a dor regredisse e que mesmo no dia seguinte não se apresentasse mais.

Gostaria de tecer alguns comentários em relação às intervenções clínicas adicionais aos movimentos bilaterais porque é importante ressaltar que o EMDR se enquadra dentro da compreensão teórica da prática clínica psicoterapêutica:

1. Sandra fez uma associação quase imediata entre a sua dor e à dor da morte, doença e eventual falecimento da sua mãe. Ao perguntar para Sandra quem tinha câncer (um entrelaçamento cognitivo), a terapeuta quis ajudar a paciente a diferenciar a dor da paciente da dor da sua mãe e separar as duas coisas, meta que foi alcançada quando a Sandra pôde expressar que aquela dor era da sua mãe e não dela, Sandra.

Era importante neste processo que Sandra se desse permissão de ser feliz mesmo após a morte da sua mãe.

2. Quando a terapeuta solicitou que Sandra reparasse a relação com o cotovelo foi com a proposta de permitir a incorporação do braço ao corpo. Havia a sensação de que o braço estivesse de certa maneira "dissociado" do resto do corpo, e com o uso dos movimentos bilaterais se pôde fortalecer essa proposta. Sandra "sai dançando"...

3. Levar a paciente a se encontrar com o primeiro médico – de quem ela obviamente ainda tinha muito raiva – foi importante justamente para que pudesse dessensibilizar a lembrança negativa do que sentia que tinha sofrido nas mãos dele. Era um dos disparadores que poderia fazer a dor voltar se não fosse tratados.

4. Na sessão de seguimento, percebe-se a continuação do reprocessamento já que a Sandra traz a compreensão de que a terapia EMDR tinha permitido que o remédio (da infiltração) pudesse tratar a dor. Essa foi a sua forma de resignificar o ocorrido durante a sessão anterior.

Entrevistando o corpo: Inversão de papeis

No meu entendimento, a "pedra preciosa" do Psicodrama sempre foi a inversão de papéis. Se Jacob Moreno, o médico que desenvolveu o Psicodrama e a Sociometria, não tivesse feito mais nada a não ser ensinar a trabalhar com a inversão de papéis – isto já teria sido suficiente. Não há nada no mundo parecido com o que se consegue entender quando alguém se coloca no papel do outro.

Agora que atualmente entendemos melhor o cérebro e suas conexões, podemos entender por que neurobiologicamente somos capazes de perceber como é a outra pessoa ou até aspectos internos dentro da gente (nossa "Galera Interna"). Isso acontece de uma forma tão inconsciente que somente quando acessamos essas redes neuronais através da inversão de papéis é que percebemos o quanto conhecemos. Às vezes temos surpresas impressionantes! Nem nos damos conta do tanto que sabemos até que a gente tenha andado nos sapatos do outro.

A inversão de papeis nos permite trocar não somente com os papéis de outras pessoas, mas também com outras coisas, lugares, sentimentos, e sensações. Podemos inverter papéis também com a nossa dor, alegria, raiva ou desejo de vingança. O limite é apenas a criatividade do indivíduo (e do psicoterapeuta!).

Como fazemos isso?

Podemos pedir à pessoa que deixe o seu papel ("quem ela é" neste momento) e passe a vestir o papel de outra pessoa, coisa ou sensação. Por exemplo, podemos dar essa instrução ao paciente:

"Deixe de ser Dona Maria por uns momentos e seja seu filho, Tiago. Fale como se você fosse ele. Vou te fazer umas perguntas como se eu fosse um entrevistador, e gostaria que você me respondesse como Tiago." Podemos pedir a ela mudar de lugar ou de cadeira de modo a marcar a mudança de papeis. Se ela tentar voltar a ser Dona Maria, insista em falar com "Tiago" para mantê-la no papel do filho.

Aí podemos fazer muitas perguntas esclarecedoras:

- Quem é você? Quantos anos você tem?
- Como é você?
- Como foi que você entrou na vida de... (Dona Maria?). Esta pergunta é especialmente útil quando estamos entrevistando papéis de sentimentos ou dor.
- O que você está fazendo na vida de... (Dona Maria)?
- O que você diz para ela? O que você faz com ela?
- O que seria preciso para resolver essa situação? Essa é a pergunta "do milhão" porque estamos vendo se a pessoa no papel do outro pode nos dar a solução para o que está acontecendo. Quais as mudanças necessárias para que a relação ou a situação se resolva...? É impressionante como muitas vezes a pessoa no papel do outro "entrega o ouro pro bandido".

Certa vez fiz um exercício de autoapresentação numa formação de psicodrama, com uma universitária em um grupo grande de alunos. Ela apresentou uma vida muito tranquila, sem crises ou dificuldades maiores... até a hora e que ela trocou de papeis com seu pai.

"Dom Raul, o que o senhor pensa da sua filha?" perguntei à moça no papel do seu pai.

"Pois, eu tô muito preocupado com ela, porque desde que morreu um namorado que ela tinha aos 15 anos, nunca mais ela voltou a ter namorado... nem sequer uma paquera! Eu quero muito que ela se case, tenha filhos, uma família e já está com 28 anos e nada... acho que ela nunca superou a morte do rapaz. Ela queria ir se despedir dele já que ele estava desenganado, mas sabe como é, né, doutora, mocinha de 15 anos não pode viajar para outro país para ver namorado. A gente não tinha dinheiro para pagar duas passagens para a mãe dela ir junto. Então, doutora, foi assim. Ele morreu no seu país, e ela ficou aqui, triste, mas... paciência. De lá pra cá, nunca mais arranjou namorado."

Veja como é a própria moça quem nos dá a informação de uma situação mal resolvida e que tinha passado completamente despercebido na auto-apresentação inicial. Quando a moça voltou para o seu papel de universitária, armamos a cena onde ela pôde finalmente se despedir do namorado que morreu, dizer o que ficou faltando para fechar essa situação e se libertar para novas relações amorosas.

Quando adicionamos os protocolos de terapias de reprocessamento à situações como essa, potencializamos a capacidade de cura da pessoa. Além de entender melhor o que está acontecendo, frequentemente encontramos também a solução, o caminho de saída. E tudo isso vai mudando a nível cerebral: transformações neuroquímicas irreversíveis.

Quando se trata da dor, podemos pedir para o paciente inverter de papel também com a sua dor, e explorar o que está acontecendo.

Se entrevistarmos a dor através da inversão de papéis, muitas vezes é possível encontrar um ponto de partida por onde armar o protocolo de EMDR e fazer o reprocessamento no papel invertido. Aí é que mora o segredo deste tipo de resolução sintomática.

Então podemos fazer perguntas à "Dor":

- quando foi que você começou? O que ela estava fazendo naquela época? O que estava acontecendo na vida dela?

- o que você está fazendo aí?

- o que está fazendo com essa pessoa?

- o que você "fala" para ela?

- o que foi que "abriu a porta" para você entrar na vida dela?

- o que faz com que você continue infligindo tanta dor nela?

- o que precisa acontecer para você sumir? Tem jeito?

Às vezes, as respostas podem nos dar uma indicação se a pessoa e seu corpo acreditam que a origem/solução é médica e/ou emocional. De qualquer forma toda informação nos ajuda, e o que for de base emocional pode ser reprocessado, o que vai influenciar também a parte física.

Há situações em que a pessoa não se lembra de quando foi que a dor começou, mas o cérebro tem esse arquivo, como vimos no caso da Silvia. Nosso cérebro armazena tudo desde a nossa concepção, mas antes dos 24 meses de idade - quando a parte cognitiva/verbal se desenvolve para valer, a memória é principalmente corporal.

A terapia EMDR é uma ferramenta que pode nos dar acesso a algumas dessas lembranças quando a origem do sintoma atual é traumática. Não se trata de terapia de regressão já que o intuito não é tentar fazer o paciente lembrar-se daquilo que se esqueceu ou quem sabe nunca teve um registro cognitivo; mas o cérebro é capaz de "puxar o fio da meada" das lembranças vinculadas de formas adjuntas dentro do mesmo arquivo cerebral para fins de reprocessamento.

Vale lembrar que se a pessoa tem uma dor de nota dez numa escala de zero a dez onde dez é a máxima dor imaginável, então ela não tem *nenhuma* qualidade de vida. Se pudermos reprocessar os aspectos emocionais ligados à dor, mesmo que a dor física permaneça, deve ficar mais atenuada, uma vez resolvido o aspecto emocional. Isso pode restaurar um novo nível de qualidade de vida para o indivíduo. Viver com uma nota três de dor dá para empurrar com a barriga (e uns comprimidos).

O uso da inversão de papel com o sintoma é ilustrado detalhadamente em uma sessão que ocorreu durante o II Congresso Ibero-Americano de EMDR em Quito, Equador (2010).[24] A seguir encontra-se o relato onde se pode observar como foi implementada a inversão de papéis em uma situação de dor.

Como se tratava de um congresso aberto, em vez de trabalhar a dor pessoal de um indivíduo, trabalhamos na estrutura de supervisão de caso. Vários terapeutas comentaram seus casos, e o grupo votou por um caso que sentiram que mais ressoava com a possibilidade de aprendizagem. O relato foi gravado e segue a transcrição do evento.

C: Sou terapeuta de Graciela
T: Diga seu nome outra vez...Yuli
C: Meu nome é Yuli. Graciela há anos, sofre de dores físicas muito fortes. A gente não sabe bem a origem... pode ser de

---

[24] O vídeo dessa sessão está disponível através do site da EMDR Treinamento e Consultoria. www.emdrtreinamento.com.br

um diagnóstico de fibromialgia ou pode ser algo mais. Estamos procurando a origem das suas dores. No contexto das três primeiras sessões revela ter sido abusada pelo seu irmão que já faleceu por um tiro. A revelação sobre o irmão veio depois. Parece ser um problema geracional, porque a mãe dela também foi abusada e consideraram como se fosse algo normal. Ninguém lhe apoiou em relação a isso.

T: A mãe?

C: A mãe e o pai. Sabiam, mas...

T: Do abuso da Graciela ou da mãe?

C: Do abuso da Graciela. A mãe diz "isso não tem tanta importância. Eu também fui abusada, faz parte da vida". O pai se comporta como se não importasse. "É teu irmão e tu não pode fazer nada, temos que aceitar isso". Isso a incomodou muito. Ela está casada agora e decidiu se separar, por isso esteve ausente da terapia por um tempo. E temos um prazo curto para terminar, porque ela vai se mudar para outro estado. Eu tenho dois meses para trabalhar com ela e logo ela vai embora. Assim, me sinto pressionada, porque não sei como conduzir o caso, como ajudá-la e como lhe entregar técnicas para o futuro também.

Surgiu a questão do espiritismo que cresceu com ela, como algo que tanto lhe ajuda quanto lhe amedronta. Isso surgiu também no decorrer da terapia. Também tem o fato de que está terminando seu casamento porque seu esposo abusa de todos. Ela tomou a decisão, e me pareceu bem impulsiva, porque veio e me disse: "Chega, vou embora para outro estado. Vou me mudar tal dia. Não aguento mais". No contexto em que ela explicava na terapia, sempre avistava a relação com seu esposo, "Ah, não me apoia, mas eu o entendo". Mas ele nunca dizia nada negativo. Até esse dia, em que ela me disse que estava com dores fortes e que ela já não aguentava mais.

T: Bem, você havia falado da sua dor. Você havia feito um mapa com as dores de Graciela. Fala um pouquinho sobre isso.

C: Quando ela vem para o consultório, traz muita dor. Eu fiz um mapa do corpo, no qual ela vai apontando. Vai marcando no corpo onde dói. Acredito que não havia nenhuma parte do corpo dela que não doía. Também disse a ela que complementasse com o que quisesse. Colocou uma proteção em todo esse corpo e pintou uma sombra. Ela disse que essa sombra a acompanha sempre, que nunca foi embora. Em alguns momentos quando processamos esse protocolo, o que fizemos foi abordar a dor e ajudar a cliente a ir a um lugar seguro, um lugar calmo. Depois abordar a dor e identificar como ela é. Também fez um desenho da dor e o desenho foi mudando. Era de uma bola vermelha com muitos pontos pretos e riscos. Algumas vezes, a dor diminui durante a sessão. Outras vezes ela se apresenta com muita raiva, com muita dor, brava com todo o mundo. Ela mesma diz, "Não tenho amigos. Odeio as pessoas. Odeio todo mundo e eu odeio a mim mesma."

T: Ok, então, Yuli, vou pedir para a gente fazer um exercício de inversão de papéis, mas ao invés de se transformar em Graciela, sua cliente, gostaria que você se transformasse na dor de Graciela, Ok? (Pausa.) Você agora é a Dor da Graciela, certo?

C: Ok.

T: Quero te pedir que dê um passo aqui ao lado. Este é um lugar onde não existe dor. Você consegue imaginar?

C: Acho que sim.

T: Imagine que este é um lugar bom, onde não existe dor. É um lugar seguro e protegido. Sim? Ok. Então sempre que você precisar, se a dor for muito grande, pode dar este passo e ir a este lugar onde não existe dor. Ok? Dê um passo de volta para onde você estava. (Pausa.) Você é a Dor de Graciela. Me fala um pouquinho de você.

C: Sou uma dor muito forte que começa aqui atrás. É algo que quando tenho, não posso pensar. Não quero que ninguém fale comigo. Me dói muito. Também me dói muito a cabeça. Às vezes, não aguento a cabeça e, o mais estranho é que às vezes me dói um dedo, e outro dedo dessas duas mãos, e algumas vezes a dor baixa para os pés, e outras vezes sobe. Ela me agarra e me envolve completamente, como que estivesse colada. Quero arrancar e não posso.

T: Quando você pensa nesta situação - você tinha me dito que se sente como se estivesse presa. Quando pensa nessa situação e nas palavras, "estou presa", o que aparece?

C: Sim, que estou presa a esta dor.

T: Você está falando como Graciela com a sua dor. Agora eu quero dê um passo mais para cá e quero que *seja* a dor, Ok?

T: Dor, Dor de Graciela. Quero que fique aqui. Aqui você é Dor. Ai naquele lugar está Graciela com a sua dor e aqui está o lugar onde não existe dor, ok? (Terapeuta vai apontando para estes lugares físicos que foram marcados no cenário.) Você é a Dor de Graciela. Me diz uma coisa, há quanto tempo você está aí? Quando foi que você entrou na vida de Graciela?

C: Não lembro.

T: Pensa um pouco. Você estava aí quando ela ia à escola?

C: Não. Acho que ela tinha uns sete anos.

T: A Graciela tinha sete anos?

C: Sim, a Graciela tinha sete anos e eu entrei ali. Sim, foi nessa época que entrou a dor de cabeça, uma dor de cabeça.

T: O que aconteceu com a Graciela que permitiu a sua entrada?

C: Graciela era uma menina que ninguém gostava, com defeitos físicos, problemas de aprendizagem, uma filha do meio que ninguém gostava. Abusavam dela e ela não podia falar.

T: Já com sete anos você já tinha aparecido. Isto é algo que aconteceu por muito tempo, ou foi uma experiência isolada?

C: Até os uns 15 anos.

T: Muitos anos então. E a Graciela sabe quem abusava dela?

C: Sim.

T: Você poderia nos contar, por favor?

C: Era seu irmão.

T: Graciela tentou falar com seus pais sobre esse assunto?

C: Ela não tentava porque estava ameaçada.

T: Mas, o que diziam a ela?

C: Que ninguém acreditaria nela. Que colocariam a culpa nela, que a matariam se ela falasse. Todas essas coisas... ameaças.

T: Você é a Dor de Graciela. Como você se sente aqui, como Dor da Graciela?

C: Sinto que sou algo muito forte. Que eu posso mais do que ela. Que às vezes eu posso dominá-la.

T: Ok. Que tipos de coisas você diz a ela?

C: Faço ela sofrer. Faço ela chorar. Faço com que ela volte a passar sempre pelo mesmo, e não quero ir embora, não quero me afastar dela.

T: Quer ficar na vida dela. Por quê?

C: Porque me tornei parte dela. Já temos uma relação, um afeto.

T: Você é parte da sua "Galera Interna".

C: Sim, sim.

T: Sabe que a Yuli me contou que a Graciela fez um desenho de você, lembra? Me conta como era o desenho.

C: Era uma bola vermelha com muitos pontos pretos e raios. Mas também fez um boneco do corpo e me desenhou bem colada ao corpo e preto.

T: Quando pensa nesses desenhos, o que você pensa a seu respeito, Dor? O que você sente aqui? Como Dor.

C: Penso que de alguma forma me meti aqui e que o desenho não representa tudo aqui. Sou mais forte.

T: Você é mais forte. Ok. E quando pensa nesse desenho, você pensa na sua força? O que você pensa a seu respeito que seja negativo e irracional?

C: Ah, não sei, sou de uma cor preta. Por isso passo para o vermelho, não sei, sou mais forte do que ela é.

T: Então você é a dor com todas essas características e a tua função é provocar dor na Graciela. Que você é forte e feia. Podemos dizer "Sou feia"?

C: Sim, sou feia.

T: Quero que dê dois passos para cá onde não existe dor. Quando você pensa, aqui que não tenho dor, que estou bem, quais são as coisas positivas que você pensa a seu respeito?

C: Que algumas vezes posso tirar essa coisa que tenho grudada e jogar fora, tirar de mim, deixar de lado e sentir que posso me mover. Porque a dor me paralisa. Isso que penso quando estou de alguma forma... vi uma luz branca. Essa luz branca me faz acreditar que posso me curar.

T: Então, o que você acha da frase "posso me curar"?

C: Acho boa.

T: Ok. E na escala de um a sete, onde sete é completamente verdadeiro e um é completamente falso, quão verdadeiras você sente que são essas palavras agora, quando pensa nisso tudo?

C: Ah, 3 ou 4

T: Volte a ser a Dor. Você disse que "sou feia". E, quando pensa nessas experiências, nessa dor, em tudo que aconteceu com a Graciela, em tudo isso a que ela esteve sujeita, que emoções despertam?

C: Raiva, muita raiva, vontade de brigar com o mundo inteiro.

T: De zero a dez, onde dez é a máxima perturbação e zero é nenhuma perturbação, quanta perturbação você sente quando pensa nisso?

C: Dez.

T: E aonde você isso no seu corpo?

C: Aqui. Aqui atrás nas costas. E algumas vezes me dói muito. E sinto aqui, me agarra.

T: Você já sabe como funciona a terapia EMDR. Vou fazer alguns movimentos bilaterais. Se quiser, pode me pedir para parar. Vejamos o que acontece contigo, Dor... Na medida em que vamos desenvolvendo o reprocessamento, vai falando sobre o que estiver acontecendo.

T: Pensa nessas experiências pelas quais a Graciela passou. Pensa na função da Dor da Graciela. Pensa nas palavras "sou feia". Sente isso no seu corpo, e segue meus movimentos. (Terapeuta faz movimentos bilaterais = MBs.) Respira.

C: É como que se tivesse uma coisa aqui. Sinto muita vontade de chorar. Quero tirar.

T: Vamos com isso... (MBs). E agora?

C: Sinto muita raiva.

T: Podemos seguir? (MBs) Respira, solta, e agora?

C: Penso que na verdade não sou tão feia. (MBs)

T: Respira. E agora?

C: Teve uma vez a Graciela me cortou, me jogou, me deixou no chão, em alguma parte, e eu me sentia estranha, sem saber o que fazer neste lugar. Sempre estive grudada nela.

T: Quando você está grudada nela, o que fica fazendo?

C: Não a deixo em paz, a faço sofrer.

T: E faz companhia para ela?

C: Sempre.

T: Para que ela não fique sozinha?

C: Na verdade, estamos há tanto tempo juntas...

T: Ela não imagina sua vida sem você?!

C: Não

T: Parece que essa companhia tem sido dolorosa, mas tem sido companhia.

C: Sim.

T: Tenho a impressão, posso estar enganada, que de alguma maneira você também a ajuda.

C: Pode ser.

T: Você imagina como?

C: Imagino que, ao sentir a dor, ela também se sente viva, porque há momentos em que ela se sente morta. Sente que não existe. Também dou muita atenção a ela, *muita*.

T: E ajuda ela a ficar quieta para que ninguém saiba o que ela passou com as ameaças. Parece que de alguma forma você a protege. Sim ou não?

C: Sim.

T: Então você a acompanha, faz ela reconhecer que está viva. Que não está morta. Faz com que ela saiba o que sente, e a protege. São muitas funções importantes. Então não me surpreende que quando ela tenta se desfazer de você, você volta.

C: Não havia pensado assim, mas faz sentido.

T: Pensa. (MBs)

C: Me ocorreu o que eu faria para ajudá-la. Porque nunca havia pensado dessa forma... que eu pudesse ir me afastando dela.

T: Eu acho que é importante que você mantenha a sua função de ajuda. Parece que você tem uma função importante que é a de denunciar o que fizeram com ela.

C: Veja. Me abusaram, me maltrataram, fizeram coisas comigo, me ameaçaram, não me deixam falar.

T: E você, Dor, é o porta-voz de tudo isto. Você é a dor dela. Você diz, *Veja, eu existo*. Fizeram coisas e sua mãe não reconheceu. Seu pai não reconheceu, seu irmão não reconhece.

C: Alguém tem que reconhecer. Será que é por isso que continuo com ela?

T: Pense nisso. (MBs)

C: Já me sinto calma.

T: O que aconteceu?

C: Por alguma razão estou aí.

T: Sim. Vou te dar minha opinião. Minha opinião nem sempre está certa, ok? Eu me engano às vezes. Quem tem a razão é você. Mas vou te dar minha opinião mesmo assim. E vou lhe dar uma sugestão. Vamos ver se você vai gostar... A impressão que tenho, é que você, como Dor, precisa ser reconhecida. Que a única maneira para poder mudar, ser transformada... você passar a ser outra coisa, deixar de doer tanto é se alguém importante lhe reconheça... reconhecer as suas denúncias, a dor, o que fizeram com ela, a ela. Faz sentido meu discurso?

C: Gostei.

T: Tenho uma sugestão. Há muitas pessoas aqui ansiosas para reconhecer a Dor da Graciela. O que você acha de darmos uma oportunidade a elas - e a você, Dor - de ser reconhecida como Dor? Quando somos reconhecidos, talvez possamos mudar a percepção (que é uma coisa mágica, uma química produzida pelo cérebro} e, ao invés dessa dor, talvez você possa se transformar em reconhecimento...?

C: Vou tentar.

T: Então façamos o seguinte: quero que olhe para todas as pessoas que estão aqui. (A terapeuta vira a Dor da Graciela de forma que ela possa ver todos na plateia. Em um silêncio mortal, todos da plateia estão olhando para ela, e reconhecendo a sua dor.) Todas as pessoas aqui estão lhe reconhecendo como a Dor de Graciela. Eu também. Eu também estou reconhecendo. Reconheço você e vejo você. Vejo o que Graciela sofreu. Não acho justo que uma menina tenha sofrido tanto, em silêncio, durante tantos anos sem ninguém para ajudá-la, para reconhecê-la, sem que tivesse alguém que lhe dissesse, "sim, é verdade o que está lhe acontecendo. Realmente existe. Realmente está acontecendo". (MBs)

T: E agora...?

C: Não sei bem o que fazer... preciso de ajuda para tentar entender o que vou fazer, se vou continuar fazendo parte da sua vida, se vou ajudá-la... estou confusa.

T: Isso é normal. Vou lhe contar algumas coisas e você vê o que acha. Me lembro que li uma vez que o problema do trauma – e Graciela é muito traumatizada – é tentar digerir a *verdade* do que realmente aconteceu. Graciela realmente sofreu essas coisas e é você, Dor, quem tem denunciado e delatado tudo isso, querendo que sua dor fosse reconhecida. (Cliente concordou.)

T: Também aprendi que percepção é tudo, portanto você é

uma percepção da Graciela e você tem funções importantes, de proteção, de ajuda, de companhia, do reconhecimento da verdade. Então não é uma questão de simplesmente jogar fora tudo isso. Por essa razão é que você volta.

C: Quero dizer a Graciela que tudo isso realmente aconteceu, mas não sei como, que sei que ela sofre e sei por que ela sofre, o quanto sofreu, quão grande tem sido a sua dor. Como Dor, não sei como fazer isso.

T: Quais as formas de comunicação que temos?'

C: Temos a verbal, do que acontece quando ela aguenta a dor, quando ela me diz, dói aqui. Ela me desenha, isso é uma forma de comunicação.

T: Você que conhece mais a Graciela, qual seria a melhor forma de comunicar essas informações a ela? Da forma em que ela possa acreditar? De forma que possa entrar nela e lhe fazer bem?

C: Sei que ela é muito espiritual e prefere se comunicar com uma entidade espiritual, com alguém que existe. Ela acredita muito nas suas proteções e os anjos.

T: Então ela tem outras companhias? Tem mais pessoas na sua Galera Interna?

C: Sim

T: Você consegue se imaginar se comunicando diretamente com Graciela ou quer comunicar isso a seus anjos?

(Pensando.)

C: Acho que gostaria de me comunicar com seus anjos porque a comunicação direta não tem sido boa.

T: Quero que dê essas informações aos anjos de Graciela. (MBs)

C: Me custou um pouco me comunicar com este anjo, mas o reconheci pela luz, então o recado está enviado.

T: OK. Quando começamos, você era a Dor de Graciela, e vimos que você desempenha funções importantes, de proteção, ajuda e reconhecimento. Quem é você agora?

C: Não sei bem, mas é alguém da sua Galera Interna.

T: E se tivesse que dizer algumas palavras positivas a seu respeito, se pudesse transformar a dor em outra coisa, que seria?

C: Queria ser uma luz branca de cura.

T: OK. E se você transforma nessa luz branca de cura, quais são as palavras positivas que aparecem quando você pensa nisso?

C: Vou lhe ajudar a superar todas essas cosias que aconteceram com você. A reconhecer a dor e se sentir bem.

T: OK, então, o que você acha das palavras, "posso lhe ajudar"? Em vez de doer, crer nas palavras, *posso lhe ajudar*, e de um a sete, onde sete é completamente verdadeiro e um é completamente falso, quão verdadeiro você sente que são essas palavras agora?

C: Sete. (MBs)

T: Sete poderoso?

C: Sete poderoso.

T: Queria lhe agradecer por ter vindo aqui e ensinado a nós. Tivemos essa oportunidade de lhe reconhecer e dar essa oportunidade a Graciela de se curar. Então agora eu vou lhe pedir para que se transforme em Graciela com Dor. E ela agora tem que descobrir e aprender a escutar essas informações que você descobriu, ok?

T: Dê um passo mais para cá. (Terapeuta agora conversa com esse novo papel). Graciela com Dor, eu tive uma longa conversa com a sua Dor. E ela me disse um monte de coisas mito interessantes. Ela transmitiu essas informações a um dos seus anjos. Agora queria que você escutasse o que um dos seus anjos vai lhe dizer. (MBs.) Você está bem?

C: Sim. Na verdade eu não sabia que você (anjo) poderia me ajudar. Sabia que estava sempre comigo, mas nunca me ocorreu lhe pedir ajuda.

T: E agora?

C: Sei que agora vai me ajudar e que não tem somente o papel de me proteger, mas também de me ajudar a superar o que me aconteceu. Para poder sair dessa, porque eu não aguento mais isso.

T: Como está agora?

C: Me sinto mais tranquila porque agora tenho outra forma de ver isso, já não tão feia, tão mórbida. Sei que existe algo que eu posso fazer para melhorar.

T: Agora quando você pensa nas palavras "existe algo que eu posso fazer" de um a sete onde sete é completamente verdadeiro e um é falso, quão verdadeiro você sente que são essas palavras agora?

C: Seis.

T: Hmhm, pensa nisso. (MBs.)

T: E agora?

C: Sinto algo aqui que eu quero tirar, mas não sei o que é (põe a mão no peito). Uma coisa que me aperta no peito que dói muito, mas que tem que sair. Tenho tantas coisas para dizer mas não posso.

T: Não é preciso nos dizer; apenas pense.

T: Para mim, é muito importante falar, porque nunca alguém me escutou. Então tenho que contar para você. Toda a minha vida guardei este segredo, fui rejeitada, sempre fui uma pessoa que não existia. Às vezes o meu corpo paralisa. É quando a dor me agarra mais forte. Me sinto paralisada. E hoje senti, pela primeira vez em muito tempo que havia uma luz de esperança para mim

T: Pensa nisso. (MBs.) E agora?

C: Senti que havia um gominho no meio e que começava sair aos poucos, algo que me incomodava, como que se quisesse sair sozinho. Senti um pouco de alívio quando saiu.

T: Graciela, você sentiu muita dor durante muitos anos, e isso doeu intensamente. Me diz se você acredita que pode sair dessa agora ou se isso vai ser um processo que deve ser acompanhado?

C: É um processo que vai me acompanhar.

T: OK, então vamos lhe ajudar com a continuação desse processo. Você me diz que acredita, sim, que tem ajuda e que pode se curar da dor. Que tal a gente coloca essa parte da dor que precisa ser resolvida e que vai ser tratada com a Yuli de lado por enquanto. Acredito que a Yuli vai saber lhe tratar melhor neste processo. Vamos colocar de lado, essa parte, numa caixinha. E vamos trabalhar um pouco mais as ferramentas que você tem, estes recursos, essa nova compreensão da sua dor. O reconhecimento da sua dor.

C: Acho uma boa ideia.

T: OK, como você está agora?

C: Estou melhor, me sinto melhor.

T: Queria te dar um gostinho de como vai ser sua vida no

futuro. Dê um passo para cá. Lembra que falamos da Graciela sem Dor? Quero que você sinta por uns instantes como vai ser a Graciela do futuro... a que vai poder viver sem dor. Porque a dor ficou no passado, foi reconhecida. Ela pode se dissolver, metabolizar; resolver toda essa dor.

C: Eu realmente quero essa realidade.

T: E aqui, neste lugar, você vai poder viver sem dor. Como você se sente aí?

C: Sinto que tirei o peso de cima de mim, porque me pesava muito. Estava envolta nele e agora eu sinto que posso me movimentar.

T: Você havia dito "posso me mover" e também, "posso me curar". Qual das duas expressões ressoa mais para você?

C: Posso me curar, posso me curar.

T: Em uma escala de um a sete, quão verdadeiro você sente que são essas palavras para você agora?

C: Sete, sete.

T: Então quero que você se concentre nessas palavras que representam o teu futuro e siga meus movimentos. (MBs.) E agora?

C: Agora sinto que quero continuar, ter mais sessões de terapia, ter mais oportunidades de fazer este tipo de reprocessamento. Para mim é muito importante. Preciso me curar, e preciso fazer isso a conta-gotas, pouco a pouco.

T: Graciela, queria lhe agradecer por ter vindo aqui e por ter compartilhado a sua dor, e por ternos dado a oportunidade de reconhecer a sua dor. Essa dor que tem lhe ajudado, e que agora começa a ir se transformando, a tomar outra forma na sua vida. E aqui agora você tem um futuro que inclui "posso me curar". Agradeço que tenha nos compartilhado tudo isso e agora quero que se transforme em Yuli. Dê mais um passo para o lado e seja a Yuli. (Ela faz isso.)

T: O que você aprendeu, Yuli?

C: Aprendi algo que nunca tinha me ocorrido: que a dor poderia fazer parte da sua Galera Interna – quem sabe a entidade mais absoluta da Galera da Graciela. E aprendi que eu sinto. A gente diz que compreende as pessoas, na teoria, mas agora que eu fui a Graciela, *senti o que ela sente*, foi diferente.

T: Como está agora? Ao pensar em voltar para o seu consultório e ver a Graciela de novo?

C: Me sinto muito melhor. Acho que isso me ajudou a ter uma perspectiva nova de como poderei ajudá-la. Eu trouxe o caso porque eu realmente não sabia para onde ir. Agora vejo que preciso processar a dor dela e não apenas o trauma. Tinha pensado de voltar para a infância dela, para tratar sua infância, mas não dessa forma maravilhosa. Estou muito agradecida por essa técnica. E nunca me ocorreu, porque muitas pessoas chegam com dor, mas eu não tinha entendido que isso faz parte da nossa Galera Interna. Até a dor representa um papel, como se fosse uma personalidade. Tem uma função, um 'para que', um discurso.

T: E por isso é possível tratá-la.

C: Estou muito agradecida por ter apresentado este caso tão difícil e que você tenha me ajudado como terapeuta, como psicóloga, a ajudar um paciente.

T: Por isso é muito importante termos essas ferramentas, porque muitas vezes aprendemos é dos próprios pacientes o que temos que fazer, qual a decisão tomar. Agradeço muito também a sua disponibilidade em nos compartilhar tudo isso.

Comentários no final da sessão:

Diferentes papéis foram aparecendo. Trabalho muito com a metáfora, o símbolo, porque tem uma capacidade de generalização maior. A minha suspeita desde que comecei a ouvir o caso apresentado pela Yuli foi a questão da dor. Porque me dei conta que se a gente não tratasse a questão dessa dor, não iria acontecer nada. Tinha que destravar isso. Às vezes, não é apenas uma situação concreta, mas é toda sua dor. Então eu peguei um atalho, fui direto para a dor como um todo, para que nos ajudasse a entender qual a função que estava desempenhando na sua vida. Era algo que ela mesma não entendia.

Aqui não é uma questão de expulsar quem mora lá dentro da Galera, porque voltaria. Se alguém não cuida dos papéis feridos, eles voltam. Os sintomas voltam. Precisamos entender o que é que este sintoma denuncia; o que precisa, porque sintoma denuncia que algo não está bem. É como uma febre que avisa que tem infecção. Enquanto não curar a causa da infecção, a pessoa não sara.

Como eu também não sabia a causa tentei criar uma situação onde o próprio paciente (e seu cérebro) pudesse encontrar sua saída, encontrar seu caminho. Às vezes é preciso dar mais informação, ou reestruturar a situação de forma que eles possam entender melhor o que está acontecendo. Podemos propor coisas e se fizer sentido para o paciente, eles aceitam. Mas também nos dizem que não, que não é assim, e isso também é útil. Não tenho problema se o paciente me disser "não" porque me dá a oportunidade de perguntar, então, como é? Afinal eu estou a serviço deste paciente, e não da minha autoestima ou meu ego. Quero dar o melhor que tenho em termos de ferramentas para que essa pessoa possa encontrar a estrutura que possibilite a cura.

Agora, este é um caso, como se deram conta, onde há uma dor imensa. Quis ajudar este paciente (na verdade, essa terapeuta) a dar mais um passo para ajudar essa pessoa.

Deu pra perceber que "Graciela" conseguiu começar a abrir um buraquinho por onde poderia começar a sair a sua dor, e por onde pode se transformar uma vez que seja reconhecido.

Acredito que um dos grandes problemas da dor tem a ver com o fato de que muitas pessoas não a reconhecem. Ninguém estava acreditando que isso tivesse acontecendo com Graciela. A pessoa chega a pensar: estou imaginando, é mentira; e se alguém não reconhece a minha dor, é como que se eu fosse invisível. Não existo, e isso acaba sendo um boa (e infeliz) proposta para o suicídio.

Aproveitei a oportunidade para que todos nós pudéssemos fazer parte da Galera Interna da Graciela, porque ela precisava deste reconhecimento. Pedi a ajuda de vocês, plateia, porque não tinha certeza se o meu reconhecimento seria suficiente já que sua dor era tão grande. Então, quando ela teve muito reconhecimento, ela pôde transformar isso em ajuda. Pôde encontrar o seu caminho.

Tentei identificar bem os seus papeis para que ficassem mais claros para ela. Foi no fechamento, quando ela pôde se ver no futuro como Graciela sem dor é que a esperança passou a ser uma realidade para ela.

Ela precisava de muita gente na sua Galera Interna. Ela não tinha o apoio do esposo. E vocês hoje aqui, como plateia,

71

foram tão amorosos, e compassivos. Senti uma sintonia tão grande com vocês mesmo sendo um público grande (tinha mais de 150 pessoas nessa audiência). Eu me arrisquei a incluí-los porque fazia falta *muito* reconhecimento. Dos sete aos quinze anos foi abusada. Isso é mais da metade da sua vida quando chegou aos 15. Nunca foi reconhecida nem por pai nem por mãe. Por isso foi que fiz algo grande aqui hoje.

Comentários finais.
Relendo este relato depois de vários anos achei importante adicionar mais algumas observações em relação ao manejo.

Não trabalhei diretamente com o abuso de Graciela por suspeita de dissociação. Quando encontramos um paciente com uma história de incesto/abuso sexual durante muitos anos na infância, em geral estamos diante de um quadro de provável dissociação. Por essa razão, não quis ir diretamente ao trauma dos abusos.

Como Yuli também mencionou que teria pouco tempo para tratá-la antes que Graciela se mudasse, achei melhor oferecer um mapa que Graciela poderia seguir com o pouco tempo de terapia que restava. Não acredito que seria prudente para Yuli abrir a caixa dos abusos pela mesma razão: não teria o tempo suficiente para poder trabalhar os abusos sem um grande risco de dissociação.

Tratar a dor primeiro foi uma forma de trabalhar o problema, mas sem tanto risco de fragilizar a paciente. Deu mais recursos para a Graciela. Com a distância emocional foi possível enxergar melhor o papel da dor na sua vida e encontrar uma solução. Apesar de que o problema da dor não ficou totalmente resolvido – e nem seria possível ter essa expectativa com uma sessão – pelo menos a função da dor na vida da Graciela passou a ter sentido. Deu-lhe um caminho de saída.

Trabalhar com a dor foi também uma forma de fazer um atalho. Imagina quantas cenas de abuso teriam que ser trabalhadas? e quantas sessões levaria para fazer tudo isso? Ao trabalhar a dor também tivemos a possibilidade de generalizar o alívio a outras redes neuronais.

No final da sessão, pedi a Graciela que entrasse no papel de Graciela Sem Dor. Cumpriu duas funções. Uma, de ajudar a

Graciela fechar a sessão em um lugar de recurso. Havíamos criado este papel como um lugar seguro, para onde poderia ir quando não suportasse a dor. Mas também serviu como a meta futura, e lhe deu a esperança de que poderia ser algo a alcançar em algum momento. Assim a sessão terminou com um papel de força e possibilidade. Criança traumatizada não tem noção de futuro. Quando pudemos levar a criança interna da Graciela a acreditar que um futuro sem dor seria possível, soubemos que ela estava no caminho certo.

Finalmente, trabalhar com a Galera Interna é uma forma de evitar a dissociação durante o reprocessamento. Se deixamos o trabalho muito a nível interno nem sempre sabemos o que está acontecendo dentro do cérebro do paciente. Pode acontecer uma dissociação e o terapeuta não percebe. Se trabalhamos os papéis de forma externa – seja em um tablado com fazem os psicodramatistas experientes, seja com peças do Kit Galera[25] ou Kit Play of Life[26] como se ensina nos cursos de trabalho com teoria de papéis – o paciente terá mais distância emocional e poderá manter a atenção dual necessária para que o reprocessamento continue no passo que o cliente aguenta.

---

[25] O Kit Galera é um jogo de peças que se utiliza para mapear a Galera Interna, disponível para os profissionais que se inscrevem no curso, *Curando a Galera Interna*. Informações: info@galerainterna.com.br

[26] Kit *Play of Life*® desenvolvido por Dr. Carlos Raimundo com peças de Playmobil®

Intervenções Médicas

Amputação e Dor de Membro Fantasma

Em termos históricos, já se sabe que a Guerra Civil norte-americana durante a década de 1860 produziu uma leva de soldados amputados que se queixavam de dor no membro que havia sido amputado[27]. Chegavam a atribuir a dor a um "fantasma" ou alucinação, o que levou ao desenvolvimento dos termos *causalgia* ou *membro fantasma*. Atualmente se estima que a sensação do membro ou dor no membro fantasma está presente na maioria das pessoas que sofrem amputação (entre 50-90%, dependendo do estudo [Desmond & MacLachlan, 2002; Sherman, Sherman, & Parker, 1984[28]]) com uma incidência crônica que varia entre 10-78% (Beckham et al., 1997; Sherman et al., 1984[29]). Como é frequente a conjugação com Transtorno de Estresse Pós-Traumático (TEPT) nestes casos, muitos pacientes também desenvolvem quadros depressivos em função da doença que os levaram à amputação e/ou em relação à própria amputação.

---

[27]   Russell, M. C. (2008). Treating Traumatic Amputation-Related Phantom Limb Pain: A Case Study Utilizing Eye Movement Desensitization and Reprocessing Within the Armed Services, *Clinical Case Studies*, 7 (2) 136-153.

[28] Desmond, D., & MacLachlan, M. (2002). Psychosocial issues in the field of prosthetics and orthotics. *Journal of Prosthetics and Orthotics*, 14(2), 19.
        Sherman, R. A., Sherman, C. J., & Parker, L. (1984). Chronic phantom and stump pain among American veterans: Results of a survey. *Pain, 18*(1), 83-95.

[29] Beckham, J. C., Crawford, A. L., Feldman, M. E., Kirby, A. C., Hertzberg, M. A., Davidson, J. R. T., et al. (1997). Chronic posttraumatic stress disorder and chronic pain in Vietnam combat veterans. *Journal of Psychosomatic Research*, 43(4), 379-389.
        Sherman, R. A., Sherman, C. J., & Parker, L. (1984). Chronic phantom and stump pain among American veterans: Results of a survey. *Pain, 18*(1), 83-95.

Um estudo recente (Poundja et al.,2006), com 130 veteranos de guerra norte-americanos demonstrou uma correlação alta (89.5%) entre TEPT e a severidade da dor com depressão. Isso sugere a importância de se efetuar intervenções psicológicas para tratar efetivamente tanto o TEPT e depressão quanto a dor crônica, do tipo dor de membro fantasma.

Segue o relato do tratamento feito pela colega, Glaci Faingluz, com uma pessoa que tinha sofrido uma amputação da perna havia poucos dias. Comovida com o sofrimento dessa pessoa, Glaci atendeu essa senhora ainda no hospital, enquanto se recuperava da cirurgia da amputação. Tem se visto que a terapia EMDR é uma das poucas ferramentas eficazes na diminuição ou eliminação da dor do membro fantasma. Veja como Manuela conseguiu superar a dor física da amputação como resultado deste atendimento.

Manuela tinha 57 anos quando tiveram que amputar sua perna por questões de circulação. A terapeuta, Glaci, que a atendeu no hospital tinha feito várias visitas a ela. Comovida pela dor física que Manuela ainda sentia no membro fantasma, lhe propôs uma sessão de terapia EMDR como forma de amenizar o seu sofrimento. Manuela queria mesmo que a dor passasse e ninguém sabia o que fazer para ajudá-la. Os médicos tinham aumentado a quantidade de remédios, mas mesmo assim a dor não passava. Manuela não entendia como ela podia ter dor numa perna que tinha sido amputada, que já não existia mais. É importante ressaltar que essa cliente estava recebendo altas doses de medicação antes da sessão de terapia EMDR, mas que ainda assim a dor persistia.

Estruturam o protocolo clássico, usando a perna (amputada) como a imagem, com uma crença negativa referente à dor na perna, emoções de tristeza (SUDS de oito para a experiência da amputação), com sensações corporais no pé (amputado). A crença positiva desejada era que ela pudesse viver com a condição atual, mas sem dor.

Quando a cliente pensou na situação ainda se via com a sua perna. Lembrava-se da tristeza e o desconforto da cirurgia, e

76

sentiu comichão no pé (ausente). A medida na escala da dor subiu para sete neste momento.

Na medida em que foi reprocessando ela visualizou o coto sem a perna, o que lhe dava mais tristeza. Então lhe ocorreu a ideia de se despedir da sua perna que fora amputada:

"Conversei com a perna e lhe disse que iria sentir saudades. Nascemos juntas, crescemos juntas. Mas agora chegou a hora triste em que a gente teria que aprender a viver longe para que eu pudesse seguir com a minha vida". Continuaram reprocessando enquanto a cliente ia se despedindo da perna, em contato com este sentimento de perda. Finalmente a cliente abriu os olhos e disse, *"Dei tchau para a perna. O cotinho me disse que vai ficar tudo bem; que eu vou ter algumas dificuldades, mas que eu vou conseguir me adaptar"*.

Agora quando a terapeuta lhe perguntou quanto lhe incomodava a perda da perna disse que era zero. Já não lhe perturbava mais. Ainda sentia um grande formigamento em toda a perna com um SUDS de quatro (de zero a dez). Reprocessaram até que não sentisse mais dor física.

Foi conversado sobre como a cliente iria incorporar essa nova identidade. Seria algo que aconteceria aos poucos. A sessão durou uns 50 minutos e a terapeuta terminou a sessão com um exercício de relaxamento com a paciente. Para finalizar, a terapeuta pediu para a cliente ir a seu lugar tranquilo que já tinha sido instalado anteriormente.

No dia seguinte, a quantidade de remédios foi reduzida pela metade, e no terceiro dia posterior a sessão, já não tomou mais remédio para a dor. A cliente pôde dar continuidade a sua recuperação com um humor muito melhor porque já não sentia a dor do membro fantasma e passou a ter um aproveitamento melhor na sua fisioterapia. Ficou mais motivada e focada depois que pôde "despedir-se da sua perna".

Glaci comenta: O "efeito dominó", ou seja, a melhora geral da paciente, após a atenção em algo específico e traumático de sua história (no caso, sua amputação), nos toca profundamente. Algo real está acontecendo. Temos um gratificante sentimento de auxiliar o próximo na sua dor. E a certeza de ter contribuído não só na amenização de uma dor, mas na expectativa de reduzir a dor que tanto se faz presente, de várias formas na vida de todos nós. A possibilidade de "amputar" a dor da vida das pessoas com terapia EMDR traz novas perspectivas no tratamento, tanto da dor aguda quanto da dor crônica. Isto nos incentiva a divulgar e nos motiva a continuar nosso trabalho para a melhora da qualidade das pessoas.

Quatro meses depois, em um *follow-up*, contato de acompanhamento, Manuela continuava sem dor no membro fantasma.

Miranda e a cirurgia de joelho

Miranda, de 57 anos chegou à sessão muito ansiosa, falante, e contou como havia feito uma cirurgia no joelho há poucas semanas que tinha transtornado sua vida completamente. Segue o relato da sua primeira sessão.

"Fiz uma cirurgia de joelho há um mês. Ah! Começo a falar e já começo a chorar. Fiquei traumatizada com muitas coisas que aconteceram em função dessa cirurgia. Há seis meses estou com problemas... tive que fazer uma ressonância magnética e não conseguia entrar no tubo... foi uma loucura pra fazer isso. Eu fiquei protelando para fazer o exame. Acabei fazendo com sedação, mas mesmo assim tive medo. O ambiente fechado, o prédio que tinha que subir de elevador pra fazer o exame.

"Eu tive um tempo na minha vida em que eu consegui me equilibrar bem, tanto que não me dava este problema todo de medo, ansiedade, palpitação. Foi uma fase boa. Vivi muito tempo com isso. Mas não sei se foi do trauma do joelho, comecei a ficar sem dormir.

"Tive várias intervenções no joelho, tendão, menisco, o joelho ficou detonado. Não tive queda; foi mesmo em função do sobrepeso. Fui fazer o exame (fiz este também com sedação), mas quando eu cheguei lá e tive que entrar... conversei com o anestesista e pedi pra ele não fechar a porta. Expliquei que não posso entrar no tubo acordada. Fiz o exame e fui pra casa. Não estava com aquele medo todo. Deu pra fazer o exame e o resultado foi que tinha que ir pra cirurgia. Marquei a cirurgia, com aquela ansiedade. Eu não tinha medo da cirurgia em si, mas, sim, medo do centro cirúrgico. Ficar lá dentro...? Expliquei de novo pro anestesista que eu tenho fobia de ficar em ambiente fechado, deitada. E nesses lugares não dá nem pra levantar a cabeça. Lembrava daquilo e ficava ansiosa. Pedi pra ele pra fazer anestesia com menos tempo, rapidinho que assim eu já poderia ir pra o quarto. Foram 40 minutos de cirurgia, e lá fui eu, direto pra sala pequena. Cadê uma janela, porta? Fiquei super ansiosa. Quando eu entrei, tinha uma pessoa na minha frente. Me levaram pra sala de cirurgia e quando chegou lá dentro, me chamava por outro nome! de Dona Silvia. Avisei que estavam operando a Regina. Chamei a enfermeira e disse que não podia ficar sozinha. Eu me sentia só. O pessoal entrava e saía, e eu com medo e ansiosa. Pior! errando o meu nome. Fiquei tão nervosa! Já fiz outras cirurgias, mas nunca fiquei assim. Tenho fobia de ambiente fechado. Ninguém me acalmou.

"Finalmente, o anestesista chegou. Eu dormi. Acordei, e a cirurgia tinha acabado. Fiquei três horas na sala de recuperação olhando para o teto. O pessoal roncando, aparelho ligado. Ninguém ficava comigo. Eu dizia que queria ir para o quarto. Foram três horas de pura angústia dentro da sala. Eu rezava, cantava alto.

"Já tive outras cirurgias, mas foram suaves. Nunca fiquei dessa forma que eu fiquei agora. Quando eu cheguei no quarto, fiquei ansiosa. Doía muito a perna. A dor era intensa. Queria saber quais os remédios que estavam me dando. Me deram algo, apagaram a luz e me disseram que eu ia dormir. Pedi pra acender a luz. Estava com medo de ficar sozinha. Eu inventei de ler a bula da medicação. Aí não quis tomar mais este remédio. O enfermeiro mandou parar o remédio para evitar ansiedade. Tive que parar os dois remédios porque li a bula. Foi me dando falta de ar. Fui para janela respirar. Disse, "Não estou me sentindo bem". Desde esse dia não consegui mais ficar sozinha. Tenho medo de passar mal e ter que ir para o hospital.

"Fui para o cardiologista. Ele me disse que estava tudo bem. Nada do coração, pressão normal, batimento cardíaco normal. Eu sentia que estava com coração acelerado. Ele me passou um remédio fitoterápico. Tomei, melhorei, fiquei uns dias com medo, mas foi passando o medo. Estou bem mais controlada. Quando minha amiga foi em casa ainda estava com esse medo. Agora tem um mês da cirurgia. Há 15 dias estou mais tranquila; até durmo à noite. Nunca tive medo de ficar sozinha. Agora sempre tem que ter alguém dentro de casa comigo.

"Meu medo é tão grande que eu quis mesmo marcar essa sessão de terapia com outra colega seu num consultório que não tivesse que subir no elevador que nem aqui no seu. Onde eu faço fisioterapia, eu já consegui entrar no elevador sozinha e descer, enquanto meu marido estaciona o carro. Foi um progresso."

Após a preparação habitual para o cliente entender a terapia de EMDR, demos inicio ao reprocessamento da experiência recente relacionada com as dificuldades da cirurgia. Começamos com a cena da cirurgia, onde a cliente comentava que se sentida sufocada, relatando emoções de ansiedade e medo. Miranda tinha vontade de voltar a ser corajosa, como era antes, para enfrentar as circunstâncias da sua vida, mas não percebia como viabilizar isso. Sentia ansiedade e medo, com um nível de perturbação (SUDS) de 5 numa escala de zero a dez. *"É que já diminuiu muito a sensação, mas eu ainda tenho muita vontade de chorar"*. Ela informou que sentia essas sensações no peito e na boca do estômago.

Pedi que ela passasse a experiência da cirurgia como que se fosse um vídeo, já que se tratava de uma experiência recente, e portanto, não tinha passado tempo suficiente para haver uma consolidação da memória de forma mais concreta. Miranda comentou que o vídeo começava no momento em que ela entrou no centro cirúrgico. Após alguns movimentos iniciais para acertar a velocidade e direção, fizemos uma série de movimentos bilaterais – (MBs) - muito longa (mais de 200 movimentos oculares com a barra de luz). Quando paramos, Miranda comentou:

"Eu consegui pensar naquilo tudo e a maneira que eu estou desde a cirurgia... e agora tenho a sensação que aquilo tudo passou. Foi um momento que eu vivi, e que passou. Consegui lembrar, rever as cenas, a angústia de estar deitada. Pensei: aconteceu. Fiquei, vivi isso, mas passou, está passando. Foi um momento. Mas fazendo este exercício ainda me dá essa sensação na barriga, na boca do estômago." (A terapeuta continua com os movimentos bilaterais.)

C: O que estava apertado agora está mais tranquilo.

T: Agora quando você pensa nessa experiência difícil, numa escala de zero a dez onde dez é a maior perturbação que você pode imaginar e zero é nenhuma perturbação, como está o nível de perturbação?

C: Agora neste momento não me dá mais aquele medo. Não tenho medo quando eu lembro. Me deu aquela sensação de que aconteceu, passou, e essa sequela está passando também. Não quero ter medo de ficar sozinha mais. Quero voltar a ser aquela pessoa corajosa que eu sempre tive vontade de ser e em muitos momentos consegui. Passou a vontade de chorar. Parece uma carência, que eu busco nas pessoas.

A terapeuta arrematou a sessão, explicando que o processamento poderia continuar depois da sessão e ficaram de se encontrar em uma semana.

Na próxima sessão, Miranda comenta:

"Estou bem melhor, bem mesmo. Estou caminhando melhor do joelho. Ainda tem coisas que me deixam inquieta: medo de hospital, médico, remédio. Quando eu penso que posso voltar para o hospital, me dá aquele mal estar na boca do estômago. Até marquei consulta com o gastro. Algo muito ruim que me incomoda aqui (e aponta para seu estomago). Esse medozinho... eu falo agora que o que eu já tive foi muito apavorante. Eu nunca tive medo de nada para ficar do jeito que eu fiquei. Ainda não me libertei deste gigante na minha vida. Imagina, só, que essas notícias horríveis que passam na televisão, antigamente eu ouvia naturalmente. Agora não."

A terapeuta lhe pediu que pensasse na experiência que foi tratada na sessão anterior e perguntou se havia mudado algo. Miranda respondeu:

C: Não está igual. Me incomoda um pouquinho. Está bem mais que zero, quem sabe uns 3-4, é que me incomoda. Quando lembro que me senti só, e pensar que eu tinha que ficar naquela posição deitada...! Ficar aquele tempo... sem ninguém perto de mim...naquele lugar todo fechado. Ainda lembro disso." (A

81

terapeuta retoma os movimentos bilaterais – MBs - e faz uma série longa.)

C: Agora consegui lembrar das coisas que foram difíceis com mais calma, com serenidade, e não aquele desespero todo. Já não me dá aquela coisa na boca do estômago tão forte. Antes eu não aguentava, ainda sinto aqui (e aponta para seu corpo).

T: Põe a mão aí neste lugar em que sente isso e olha para a barra de luz. (MBs)

C: Agora sinto alívio dessa coisa do estômago. Ficou bem diferente. Quero voltar ao meu ponto de equilíbrio.

C: Tive uma experiência interessante essa semana que passou. Faleceu uma menina que era como se fosse minha sobrinha. Morreu de leucemia. A medula transplantada tinha pego, mas mesmo assim morreu. Eu pensei, como é que eu vou fazer pra não ficar agoniada? Mas sabe, eu fiquei tão tranquila com a notícia. Tínhamos muito carinho por ela, mas não foi aquele desespero. Senti um equilíbrio bem bom pela situação.

Pensei: será que eu vou ter medo agora que recebi a noticia que ela morreu? Mas não, não tive medo, não tive nada. Meu marido saiu, fiquei só dentro de casa. Ele saiu de manhã, fiquei sozinha. Saiu à tarde, eu fiquei sozinha. Isso foi novo. Eu não precisei ir pra casa do meu filho como eu estava fazendo depois da cirurgia. Consegui ficar em casa sem angústia. Achei isso muito, muito bom. Estou me sentindo mais fortalecida neste sentido. Depois da cirurgia estava difícil até de ficar no meu quarto. Eu ficava muito lá, e de repente me dava aquela coisa estranha no quarto. Então eu ia pra fora, sentava no banquinho. Tudo me incomodava, aqueles pensamentos esquisitos de acusação. Eu amo minha casa. Não era assim. Agora está passando. Às vezes dá uma coisinha, porque estou pensando isso, daquilo que eu sentia, mas já não está mais.

T: E agora como está a perturbação?

C: Está bem mais tranquilo. Não vou dizer que está zerado. Acho que é um 2. Ainda me incomoda. Mas veja só, eu subi sozinha no elevador do seu prédio hoje! E fiquei ali fora na sua sala de espera sozinha. Antes eu não conseguia. E não tive a sensação ruim. Agora só sinto algo bem de leve. (MBs)

C: Estou me acalmando.

C: Estou dormindo melhor. Estou comendo normal. Eu não conseguia comer. Estou fazendo as coisas com mais desenvoltura. Coisa muito boa essa melhora.

T: (Querendo checar os disparadores) Vamos pensar em voltar para o hospital?

C: Isso está bem tranquilo. Quando eu voltei para tirar os pontos, eu não consegui entrar no hospital. Voltava para a porta. Tinha oito dias da cirurgia. Depois, quando eu entrei, fiquei na sala de espera e não aguentava ficar ali. Agora eu pensei nisso tudo, mas está bem tranquilo. Aliás, eu estou indo pra lá agora. Estou saindo daqui do seu consultório para ir lá.

T: Então pense que está indo lá e veja se dá conta. (MBs)

C: Está bem tranquilo. Sabe, o meu marido vai viajar sexta-feira e eu tô bem tranquila. Antes eu não ia conseguir ficar sozinha.

A terapeuta fechou a sessão, e combinaram a volta da cliente.

Na sessão seguinte, quando a terapeuta perguntou como Miranda estava, ela respondeu:

C: Estou bem. Fui ao médico, sentei e esperei. Depois subi agora mesmo no elevador do seu prédio. Estava aqui sentada na sua salinha de espera. Aquele pavor passou.

C: Ontem, a minha filha chegou doente e fui com ela para o hospital. A parte de remédio é lá dentro. Imagina só, eu entrei com ela, fiquei o tempo todo, não me deu pânico. Pensei: será que eu vou conseguir ficar com ela lá dentro? Vou ter que pedir para o meu marido ficar com ela? Mas não. Eu fiquei com ela o tempo todo. Andei sozinha lá dentro o tempo todo. Não tive aquele medo. Às vezes vem na minha cabeça, será que eu vou sentir alguma coisa? Mas tudo que estou fazendo... não sinto medo. Antes eu não podia nem chegar na porta do hospital!

C: Meu marido viajou na sexta, e eu fiquei sozinha. De manhã peguei o carro - é automático e posso dirigir com a outra perna. Fui só ali ate o comércio, porque tinha que tirar dinheiro. Entrei no banco, saí, fui no supermercado, peguei o que precisava, voltei pra casa dirigindo numa boa. Dirigi sozinha e me senti bem. Depois disso fui na hidroterapia, sozinha. Antes, quando eu chegava na hidroterapia, eu ficava procurando onde o marido estava, dependente da presença dele. Mas hoje não. Fiz a hidroterapia. Às vezes penso, será que quando eu chegar lá e eu estiver sozinha, eu vou ter alguma dificuldade?

C: Um dia antes de viajar, meu marido me disse, você volta de taxi daqui da sessão. Eu tinha lido uma reportagem sobre um sequestro, e me deu medo. Puxa, e se o taxista não for de verdade? Mas eu tive coragem e voltei de taxi. Não fiquei com medo dentro do carro nem apavorada pensando se o motorista era de verdade. Todas essas coisas eu consegui fazer sem apavorar. Fiquei em casa sozinha até sete horas da noite, até meu filho chegar. Não fiquei com medo. Enfim, só coisa boa. Eu quero ficar no meu equilibro mesmo.

C: Eu vejo que falta uma coisinha. Às vezes me vem uma insegurança, mas não sei lhe falar o que é. Uma insegurança me bate, mas logo depois eu consigo trabalhar e vencer, mas me dá o toque de insegurança.

C: Eu tinha dentro de mim uma coisa apavorada. Já ouvi falar, ah, o fulano surtou. Nunca vi alguém num momento assim. Ficava pensando, será que é isso que está me acontecendo? Nem sei como é crise de surto. De vez em quando eu me lembro do momento em que pensava isso, e me deixava mais apavorada do que eu já estava. Mas hoje não penso isso. A única coisa que eu ainda tenho nessa história de surtar, é medo de ficar louca, ter uma loucura.

A terapeuta estruturou mais uma vez um novo protocolo em função desta insegurança que Miranda ainda sentia.

C: Acho que posso surtar, que eu não sou equilibrada. Vou ter que tomar aqueles remédios horríveis, e eu tenho muita relutância com remédios. Me dá pânico quando eu penso nisso.

T: E quando você pensa nessa insegurança, e pensa nessas palavras negativas, essa emoção de pânico, quanto lhe incomoda?

C: Uns oito.

T: E aonde você sente isso no seu corpo?

C: Na boca do estômago.

A terapeuta pediu que Miranda pensasse nisso tudo e olhasse para a barra de luz. (MBs)

C: Tentei pensar sobre isso, e não fiquei angustiada. Pensei sobre como isso poderia acontecer, como poderia ficar, e não fiquei angustiada.

T: E agora, quando você pensa nessa experiência difícil e nas palavras positivas, Eu sou equilibrada, quão verdadeiro você sente que são essas palavras agora numa escala de um a sete, onde sete é completamente verdadeiro?

C: Sete.

A terapeuta fez mais uns movimentos bilaterais para fortalecer a sensação boa, e a cliente negou que tivesse alguma perturbação corporal.

C: É muito bom pensar assim.

C: Doutora, eu vou esperar o joelho ficar bem para ver se todas as respostas que eu pensei aqui vão acontecer mesmo. Eu sinto muito não poder fazer as coisas que eu gosto. Isso me deixa um pouco perturbada. Vou ter que ficar um tempo sem fazer o que eu gosto por conta do joelho. Tenho que suportar por conta do joelho até ficar bem. Vou esperar passar tudo isso e ver como é que eu fico. Então, dependendo se eu precisar vir aqui outra vez, eu ligo novamente.

E foi assim que Miranda encerrou sua terapia.

Remédios e antídotos

Descobrindo o remédio

A cliente, Rachel, chegou à sessão comentando que estava assustada. Acabava de sair do consultório médico há poucas horas onde o médico havia insistido mais uma vez que ela deveria se operar de uma neoplastia benigna no intestino que havia sido detectado já há algum tempo. Pela localização, era uma cirurgia delicada, que inspirava certos cuidados, e ela tinha protelado muito em decidir se operava ou não. Resistia muito à ideia da cirurgia.

"Eu saí assustada do consultório e fiquei pensando, meu corpo criou isso. Saí perdida, me fez assumir o que eu tenho."

Fomos estruturando a sessão de EMDR, e pedimos que ela fizesse um desenho de como ela percebia esse tumor no seu corpo.

Desenho #1

Ao olhar o desenho, disse, *"Eu tô bichada. Queria poder pensar que sou saudável (VoC = 2), mas sinto medo, tristeza, no peito e na garganta."*

Começamos o reprocessamento:

Cliente (C): Eu tenho um Cético dentro de mim que não me deixa acreditar que posso me curar. (MBs). Eu mereço passar por isso. (MBs) Acho que isso está ligado a minha mãe, a minha avó, mas está meio difuso. (MBs) Quando eu nasci, a minha avó paterna não tinha neta, apenas netos homens. Não aceitava o casamento dos meus pais, ela não gostava da minha mãe, e só veio a aceitá-la depois que eu nasci. Eu passava temporadas na casa da minha avó e minha tia. Minha mãe não gostava que eu fosse, mas não podia dizer muita coisa. Já até trabalhei isso em sessões anteriores. Tinha uma gastrite que estava ligada a primeira separação da minha mãe que eu vivi. Minha vó falava mal da minha mãe, e eu às vezes também falava mal dela. A minha avó era muito rígida.

T: Qual o castigo que a gente dá para uma menina que fala mal da mãe?

C: Me veio uma cena. Eu tava com raiva de minha mãe. Algo que não gostei e ela disse que não podia tratar mal a pai e mãe. (MBs) Eu tinha muita raiva da menina de 6 anos. Ela não é como ela tinha que ser. Eu tinha que fazer tudo, obedecer, e ir bem na escola e ela não; ela não fazia nada disso. (MBs) Ela quer me punir (a menina de 6 anos), mas eu não deixo ela existir como ela quer. É o oposto do que ela quer ser (MBs).

T: Por que ela tem que ser punida?

C: Porque tem que se enquadrar e ela não quer.

T: Por que ela não quer?

C: Ela quer ser livre.

T: O que impede ela de ser livre? (MBs)

C: Disseram pra ela que têm que se encaixar, pensar nos outros primeiro.

T: E fazer isso dá certo?

C: Não.

T: Então vai lá, cuida dessa menina e tira ela desse lugar que não é o lugar dela. (MBs)

C: Peguei ela no colo, e as duas estão chorando (MBs). Ela disse que não quer prejudicar, mas tem medo. Eu falei que eu ia cuidar dela.

T: Ela tem medo de ser punida porque ela quer ser livre?

C: Medo dela não ser ela mesma. Tenho raiva de mim porque eu não deixo ela ser. (MBs) Eu tenho medo dela. O que pode acontecer se eu for como ela?

T: O que pode acontecer?

C: As pessoas não vão gostar mais de mim. (MBs) Tô cansada de ser assim.

T: E pagando um preço alto pra ser assim, né?

C: É que tenho que me encaixar, fazer as pessoas ficarem bem.

T: Até quando?

C: Não quero mais. (MBs) Posso aprender com ela, com essa menina de 6 anos. (MBs) Eu é que sou a menina de seis anos, tenho medo. Ela não tem medo. Tem raiva e eu não posso ter raiva.

T: Por que não?

C: Porque me dá culpa. (MBs) Ela falou que quer que eles se danem. (MBs) Já passei dos 50 anos agradando todo mundo, é hora de me agradar. (MBs) não preciso ter medo.

T: Agradar a avó ou a mãe – não consegue. Será que você dá conta de viver com a sua idade atual? (MBs)

C: Quero parar de sentir culpa. Porque eu faço de um jeito, fico me sentindo culpada. Faço de outro jeito, não tenho alternativa. Nunca vai dar pra agradar todo mundo. (MBs) Se eu consegui me agradar já tá bom demais. (MBs) Eu quero recuperar o poder sobre mim, sobre meu corpo.

T: Eu mereço passar por isso. Foi o que você falou. Merece mesmo?

C: Não.

T: O que tem a dizer então para essa Cética que você comentou que tinha no inicio da sessão?

C: Ela ainda me assusta. Ela é mais forte que eu.

T: Pensando na menina de 6 anos – o que você gostaria de dizer pra ela?

C: Que ela pode ser ela mesma. (MBs) Não precisa agradar os outros. O importante é ela se sentir bem.

T: Você como adulta, pode desagradar os outros pra se agradar?

C: Ainda tenho este medo – de perder o amor das pessoas

que são importantes pra mim. (MBs) (Muda de postura) O verdadeiro amor é incondicional! Se eu perder é porque não é real.

T: Posso arriscar?

C: Não tenho que ser perfeita porque ninguém é. E posso me aceitar como sou, como eu aceito os outros como são, ou não. Se eu quiser. (MBs)

T: Então, você quer escolher o castigo, a punição para a criança, ou quer deixá-la arriscar perder o amor condicional das pessoas. O que você quer?

C: Quero ser livre. (MBs)

T: Então, vamos tirar essa criança do castigo? Como é que faz?

C: Pega ela e leva para outro lugar. (MBs) Me veio algo agora – Faço, mas não percebo. Tô fazendo as coisas que eu quero na prática. É diferente da minha sensação. E sou mais livre do que me dou conta! (MBs) Surgiu outra parte minha, a adulta jovem. Momento difícil, tenho medo. Em alguns momentos ela tomou a frente. Fez escolhas erradas. E pagou por isso.

T: Pagou, não precisa continuar pagando.

C: É, e pagou caro por isso. (MBs) Eu disse pra ela que ta tudo bem. Não precisa ter medo.

T: Tá encaixando a menina jovem e a adulta.

C: É. (MBs) Meu corpo também não precisa passar por isso.

T: Então fale isso pro seu corpo... que não merece passar por isso.

C: Eu mando aqui. Eu.

T: E vai fazer o que com o seu Cético?

C: Falar para ele calar a boca não se meter. (MBs) Cético ainda me inspira medo.

T: Quando a gente tem 6 anos os adultos são mais fortes que a gente. (MBs)

C: Não tenho mais seis anos faz tempo, e posso enfrentar este Cético... mandá-lo calar a boca! (MBs) Posso fazer escolhas.

T: Quem você vai alimentar? Tudo que a gente alimenta cresce. O que não alimenta morre. Você vai alimentar o Cético? A Adulta? A Criança? (MBs)

C: Abri a porta e pus o Cético para fora com um pé na bunda! (MBs)

T: E agora, nunca escala de zero a dez, quanta perturbação você ainda sente quando pensa naquele desenho e na experiência inicial?

C: Dois. Ainda tenho um pouco de medo, um restinho. (MBs) Me lembrei de quando eu era pequena... lembre do He-Man que dizia, "Eu tenho a Força!" Agora está um a perturbação. Uma coisiquinha. (MBs) Vou chegar aonde eu quero. (MBs) SUDS = 1 Preciso me testar um pouco.

T: Ainda tem essa coisa aí no seu intestino, né? Por isso não dá pra zerar...?

C: É, é por aí...

T: Vamos fazer outro desenho? Como você gostaria que estivesse?

Desenho #2

C: [cliente faz novo desenho] Eu sou livre, saudável e feliz.

T: E quando você pensa neste desenho e nas palavras positivas, Eu sou livre, saudável e feliz, quanto que você acredita que é verdadeiro agora?

C: Seis. (MBs) Eu tô a caminho. Falta... sumir essa coisa ou faltaria me convencer que vai ficar quieto e firme.

T: Como seria o seu remédio para curar isso, agora que você tem a Força e não precisa mais se punir? Antes o remédio não funcionava. Por isso tinha o Cético, porque você tinha uma crença que tinha que passar por isso, que você merecia isso. Agora rompeu isso... então como seria seu remédio?

C: Meu sistema imunológico... é como um bando de piranhas que vai lá, come e elimina. (MBs)

T: Vamos fortalecer essa imagem? (MBs)

C: Senti que a ordem foi dada.

T: E este médico a quem você respeita tanto... quantas vezes por dia diria que você teria que tomar o remédio?

C: Três vezes por dia durante seis meses. De manhã, depois do almoço e a noite.

T: E o que você pensa a seu respeito quando pensa nisso?

C: Eu me curo. Eu tenho a imagem de estar tomando o remédio. (MBs)

T: E agora, numa escala de um a sete onde sete é completamente verdadeiro e um é falso, quão verdadeiro você sente que são essas palavras, "Eu me curo" agora?

C: Sete. (MBs) [Fortalece olhando para o Desenho Número 2]. Me veio outra frase agora: eu posso me curar. Posso fazer este tratamento. (MBs) E se precisar de ajuda eu vou correr atrás.

T: E agora, fechando os olhando e escaneando seu corpo enquanto pensa nas palavras, eu posso me curar, você percebe se tem alguma perturbação no seu corpo?

C: Tenho uma tensão nas costas e nas pernas.

[A terapeuta muda para movimento tátil (MT) porque a cliente está de olhos fechados.]

C: Sumiu a tensão da perna, tenho só um pouquinho nas costas. (MT) Aliviou. To leve... até a próxima sessão!

T: Você tem três tipos de recursos: internos, externos e espirituais. Lembre-se de usá-los.

C: O médico me passou um tratamento e depois de seis meses voltar e fazer uma reavaliação. É engraçado porque eu tinha tentado fazer uma visualização antes e não conseguia, não funcionava. Agora parece que limpou o campo.

No dia seguinte, quando a cliente veio para uma breve reavaliação, ela comentou:

C: Não conseguia dormir de noite. A menina estava solta. Fiquei bem aliviada. Me lembrei de tomar o remédio ontem e hoje. Tô sentindo confiante. Achei o rumo. Agora é perseverar.

T: Quando você olha para este desenho (Número 2) quanta perturbação você sente agora?

C: Dois, porque eu ainda tenho essa coisa, mas está de passagem. Agora me sinto amparada, inteira. Eu tô me amparando. Posso ver as alternativas e fazer uma intervenção. Antes, alguém tinha que fazer. Agora EU decido quem faz o que. Eu posso com atitudes e formas novas de lidar. Eu criei essa coisa e eu posso "descriar". Quando você falou isso do remédio, ativou algo lá dentro.

T: Teu médico Interno?

C: Antes eu achava pensava, sou desamparada e só. Isso mudou. Agora eu penso, eu posso me curar.

T: E numa escala de um a sete onde sete é verdadeiro e um é falso, quão verdadeiro você sente que são essas palavras agora?

C: Sete. Eu posso ser livre, saudável e feliz.

Algumas semanas depois dessa (única) sessão de terapia EMDR, Rachel me escreveu:

"Preciso te contar os desdobramentos. Como o processamento continua da sessão, na terça-feira seguinte acordei com o seguinte pensamento: "Vou ver exatamente o que está acontecendo comigo. Se teve qualquer alteração no tumor, vou operar". Digo isso porque eu estava olhando os exames assim meio de lado, com um olho meio aberto e o outro fechado, sabe?

"Ao mesmo tempo pedi para o meu marido (que também era contra a cirurgia, por puro pânico) para pesquisar para mim o que eu tenho. Ele é médico e como tal lida muito mal com doenças na família. À noite conversamos e ele me disse que andou lendo e que chegou a conclusão que seria melhor se eu fizesse a cirurgia. Achou desnecessário conversar com outros colegas.

"Foi um alívio para mim, e eu disse para ele que estava mesmo decidida a me operar e a resolver isso logo. Agendei uma consulta com um cirurgião para sexta-feira passada. E depois disso foi se fortalecendo em mim a ideia de que era bom resolver logo essa questão.

"Nesse meio tempo comecei a ler *Amor; Medicina e Milagres*[30] (maravilhoso) e ali confirmei que a cirurgia é um dos caminhos da cura. Está a meu alcance. Por que não usá-la?

"Estava preparada para ir à consulta com o cirurgião do convênio quando algumas horas antes recebi um telefonema cancelando tudo, devido a uma complicação numa cirurgia. Remarquei para uns dias depois, mas no domingo passado recebi um telefonema de uma amiga que trabalha num hospital renomado, perguntando se eu não gostaria de me consultar com alguém de lá. Ela me apresentou a uma médica especialista, tida como das melhores do Brasil! Então surgiu a possibilidade de me operar com ela. Marquei uma consulta para a semana que vem, e já agendei os exames pré-operatórios para este final de semana. Também fui ao cardiologista hoje.

"E continuo tomando meu remédio: as minhas visualizações das piranhas, três vezes por dia. Agora estou conseguindo fazê-las. Estou retomando as meditações também.

"Está tudo se encaixando super bem e estou decidida e animada em fazer logo a cirurgia, me recuperar bem rápido e retomar minha vida profissional, que eu adoro!

"E quero aproveitar pra te agradecer pelo grande apoio que me deu, me ajudando a por toda essa engrenagem para funcionar."

"P.S. A minha menina mandou dizer que, 'Tá, ela não vai contar nada para as outras crianças. Só vai mostrar a língua e fazer umas caretas pra ela!'" Rsrsrsrsrsrs!"

Algumas semanas depois recebi outro e-mail da Rachel. Acabou se operando com um médico do convênio e deu tudo certo. Ficou vários dias internada, como é natural em uma cirurgia dessas, e feliz da vida quando lhe deram alta. Entendeu que era realmente oportuno fazer a cirurgia:

"Já estou em casa, sã e salva! Não tenho motivos para queixas, mas sim para agradecimentos. Mais ainda depois que soube do resultado do anatomopatológico, ontem mesmo: no

---

[30] **Amor; Medicina e Milagres,** Siegel, Bernie S. / Best Seller Ltda.

centro do tumor já estava ocorrendo a malignização das células. Mas a peça retirada estava com as margens de segurança totalmente livres e os gânglios retirados todos livres! Resumindo, estou curada!

"Nada é por acaso, né, Esly? Fico aqui revendo toda essa história desde o princípio e percebendo como foi importante o caminho que percorri desde que descobri esse tumor, o quanto essa doença trouxe de mudanças positivas na minha vida, e me levou para caminhos que eu talvez jamais teria trilhado espontaneamente. Foi uma correção de rota na minha vida, um resgate de valores que estavam meio amortecidos, um movimento de compreensão e aprofundamento que eu necessitava. Ele teve um papel importante, mas já o cumpriu e agora, como diz o nosso amigo Gilberto Gil, fora daqui!

"À procura de respostas encontrei novos desafios, entendimentos e descobertas. Uma delas foi a terapia EMDR, que me deu uma base forte para entender as causas da minha doença, seu significado, ferramentas para enfrentá-la e para me reconectar comigo mesma, com as pessoas maravilhosas que estão presentes na minha vida, e conhecer novas pessoas especiais.

"Só posso agradecer, agradecer e agradecer e lembrar que estarei aqui se precisar, não só para os momentos difíceis, mas para celebrar (e muito) a vida também.

"Queria te agradecer também, e muito, a indicação do livro *Amor, Medicina e Milagres*. Ele foi uma peça fundamental no meu processo de cura, assim como aquela sessão de terapia EMDR. Foi depois dela que eu realmente quis ser curada e fui atrás dos meios. E encontrei!"

Epílogo

Uns meses depois que eu comecei a escrever este livro fui diagnosticada como um câncer de tiroide. Aliás, por isso este livro demorou tanto a sair.

Mudou minha vida.

Quando eu tinha 15 anos, encontraram um nódulo na tiroide e me puseram em observação. Eu tinha ido ao médico, inocentemente, para furar as orelhas e usar brincos, um presente dos meus pais quando completei quinze anos. (Foi um custo conseguir que meu pai deixasse as filhas fazer isso! E meu pai só deixava se fosse com médico...) Ainda morava nos Estados Unidos. Seis meses depois, eu sabia que o nódulo tinha crescido, alertei meus pais, e refizemos os exames. Naquela época não havia biopsia de agulha nem ecografia de nenhum tipo. O único jeito de saber se o nódulo era maligno ou não era operar.

Dessa vez, fui ao cirurgião com meu pai, onde pela primeira vez o médico pronunciou a temida palavra "tumor". Lembro-me claramente da sensação gelada na minha espinha quando ouvi isso dele, e pensei, *"Puxa, eu tenho apenas 15 anos e vou morrer!"* Naquele tempo, diagnóstico de câncer era sentença de morte. E "tumor" era câncer.

Felizmente, o tal nódulo era benigno. Tiraram uma parte da tiroide e me deram uma medicação tireoidea para suplementar a diminuição da produção própria. Naquele tempo o protocolo era este.

Tantos anos depois, o "souvenir" voltou maligno. Não podia acreditar que meu corpo tivesse me traído desse jeito. Essas coisas aconteciam com os outros, meus colegas, amigos, familiares, com os meus pacientes, mas não comigo!

As semanas que seguiram foram um nevoeiro de exames, consultas médicas, decisões... até a hora que comecei a enfrentar a realidade da nova cirurgia. (Ninguém merece fazer uma cirurgia de tireoide *duas* vezes!) Aí não deu mais. Liguei para uma colega em quem confio e pedi umas sessões de terapia EMDR. Foi quando eu me dei conta que *todos* os fantasmas da minha infância, da minha primeira cirurgia, vieram me visitar. Era toda uma *Galera* de Fantasmas!

Não sabia que eu tinha tido tanta dor física, mas ela ressurgiu com força total durante a primeira sessão. Eu não lembrava que a iminente e constante ameaça da separação dos meus pais tivesse tido um peso tão grande. Não imaginava que o silêncio em torno do que poderia significar um resultado positivo na mesa de operação pudesse me afligir tanto ainda hoje. Foram duas horas de pura agonia e alívio. Na sessão seguinte deu para encarar como eu, agora adulta, iria enfrentar a nova cirurgia. Sabia que eu poderia escolher viver aquela experiência de uma forma nova, mais saudável e com menos dor, física e emocional. E assim foi.

Acho que hoje ainda vivo tudo isso como se tivesse sido apenas uma cirurgia, como foi da primeira vez. Sei que fiz o tratamento radioativo e que vou fazer exames de acompanhamento para o resto da vida, como já fazia. Vou tomar remédio de reposição, como fazia antes, só que agora se eu não tomar direito, em poucos dias eu faço um quadro de hipotireoidismo sério. O médico diz que só não me qualifica como curada porque não passaram os tais cinco anos... mas há momentos em que me lembro que tive um diagnóstico de câncer.

Muitas coisas começaram a mudar na minha vida. São mudanças lentas, mas assentadas. Quero passar mais tempo em casa com a minha filha, meus netos. (O genro também é um cara legal.) Mandei instalar uma banheira em casa para minha netinha curtir banho na casa da Grammie. Insisto em banhar também o netinho recém-nascido (na pia da cozinha por enquanto, kkkk!). Ai de quem não aparecer aqui em casa por uns dois ou três dias!

Com o meu marido, estamos planejando uma viagem especial para celebrar as bodas de prata. Essa viagem eu quero fazer. Mas há muitas outras que eu passei adiante para colegas. Quero escrever. Quero escrever muito! Muito mais do que já escrevi. Tenho pressa, muita vontade, de escrever o que eu sei. Pressa, mas não pressão.

Estou mudando de papel: de "Faz-Tudo" para supervisora, mentora, multiplicadora. Sinto que sou um útero; grávida com muitos projetos, segura de que Deus vai me dar vida e saúde para trazer tudo isso a bom termo.

Nos estudos preparatórios deste livro encontrei a escala ACE. Fiz o teste e corrigi. De repente, muita coisa fez sentido. Entendi o que tinha me acontecido. Comecei a entender o que estava me acontecendo. Percebi que não era apenas o fato de que a minha infância foi complicada. Também tinha deixado sequela, mais do que eu imaginava. Havia muita coisa da minha infância e adolescência que eu não tinha conseguido metabolizar, mesmo com tanta psicoterapia. (No meu tempo não havia terapia EMDR, sniff...)

No final das contas, tentando explicar para os outros a origem traumática de doenças na vida adulta, acabei descobrindo... respostas para mim. Sou agradecida a Deus, pois a terapia EMDR tratou a minha dor, e me abriu portas para novas possibilidades. Este livro é o resultado disso.

Sobre a autora

Durante mais de 20 anos **Esly Regina de Carvalho, Ph.D.**, doutora e mestre em psicologia, tem se dedicado à área de saúde emocional: como psicóloga na prática clínica; como capacitadora, oferecendo formação em distintas modalidades terapêuticas, tais como EMDR®, Brainspotting e Psicodrama; como autora, compartilhando e socializando sua experiência com outros; e através de apresentações públicas, palestras e estudos que ajudam as pessoas a enfrentar os desafios da vida, tanto no Brasil quanto em outros países da América Latina, Estados Unidos, Portugal e Espanha.

Psicóloga e psicoterapeuta brasileira, Esly teve seu primeiro contato com EMDR (*Eye Movement Desensitization and Reprocessing - Dessensibilização e Reprocessamento por meio de Movimento Ocular*) nos Estados Unidos em 1995. Fez a sua formação básica nesta abordagem de psicoterapia em Denver, EUA, quando morava naquele país, em 1996 e 1997, quando morava naquele país, este último com a própria Dra. Francine Shapiro. Quando voltou a morar no Equador, levou consigo a proposta de formação sendo depois certificada como Facilitadora (2001) pelo EMDR Institute dos EUA, fundado pela Dra. Shapiro, quem descobriu e desenvolveu essa nova abordagem psicoterapêutica para o reprocessamento dos traumas.

O EMDR Institute lhe concedeu o reconhecimento como Trainer of Trainers (Treinadora de Treinadores) em 2006. Foi eleita presidente da EMDR Ibero-América (EMDR IBA), triênios 2007-2010 e 2010-2013. Faz parte da equipe da Equipe Ibero-Americana, que capacita clínicos na América Latina em espanhol e português. Esly é perfeitamente fluente em inglês, português e espanhol.

Foi também certificada como *Trainer, Educator, Practitioner (TEP) of Psychodrama* pelo *American Board of Examiners in Psychodrama, Sociometry and Group Psychotherapy*; passou nos exames *com distinção* para a certificação norte-americana.

Esly está dedicada a levantar uma geração de profissionais que se comprometam a ajudar as pessoas a vencerem os desafios da vida e aliviar a dor daqueles que sofrem.

Depois de residir muitos anos nos Estados Unidos, Equador e Bolívia, Esly está atualmente radicada em Brasília, Brasil, onde dirige a **TraumaClinic** (www.traumaclinic.com.br), uma clínica especializada no atendimento de trauma, ansiedade e depressão com terapia EMDR. Também é presidente da TraumaClinic Edições que publica livros sobre trauma, dissociação e terapias de reprocessamento. Esly é casada e desfruta da vida de avó.

Mais livros de Esly Regina de Carvalho disponíveis na Amazon.com ou TraumaClinic Edições: vendas@traumaclinicedicoes.com.br

Visite-nos no Facebook:
https://www.facebook.com/pages/EMDR-Treinamento-e-Consultoria/151606654893822

Receba nossas notícias:
https://app.e2ma.net/app2/audience/signup/1754293/1732906/?v=a

CPSIA information can be obtained
at www.ICGtesting.com
Printed in the USA
LVOW07s1912120617
537830LV00004B/922/P